ものも家事も最低限。子どもとミニマルに暮らす

ミニマリスト
Nozomi

集英社

ものがないわが家のルームツアー

3LDKに夫婦＋4歳娘、2歳息子の4人暮らし

リビングダイニング

家具はダイニングテーブルと家族分のイスのみ。テレビ台、ソファはない。ラグも敷かない。テーブルの上には何も置かない。テレビや動画は天井のプロジェクターで視聴

▲在宅ワーカーのわたしはダイニングテーブルを仕事机として使用

◀家族の書類、文房具、仕事道具はキッチンそばのパントリーに収納

キッチン

◀調理台には何も置かない。食器や調理器具は引き出し内に収まる量

▲背面の備え付け収納棚に入っているのはリュックのみ。それ以外は未使用

◀わが家にあるゴミ箱はキッチンに1つだけ

◀使用頻度の高いリュックはしまいやすく取り出しやすいキッチン内の引き出しが定位置

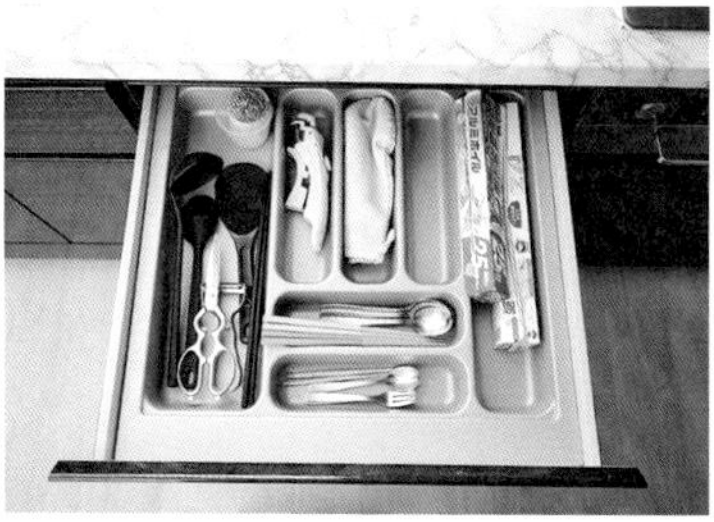

▲上段の引き出しには家族分のカトラリーと調理器具、ラップなどを収納

▲三角コーナー、水切りかご、洗いおけを手放したら掃除もラクに

▲深めの引き出しには調理用鍋やボウル類（右）と、食材（サプリやお茶）、ペーパータオルのストック（左）を

▲浅めの引き出しには家族全員分の食器（右）と、使用頻度の低い調理器具（はかり、卵焼き用フライパン、天板）（左）を収納

▲ネットスーパーから食材が届く前は冷蔵庫内がスカスカに。主菜は耐熱ガラス容器に、汁物は鍋につくり置き。調味料類は冷蔵庫で保管

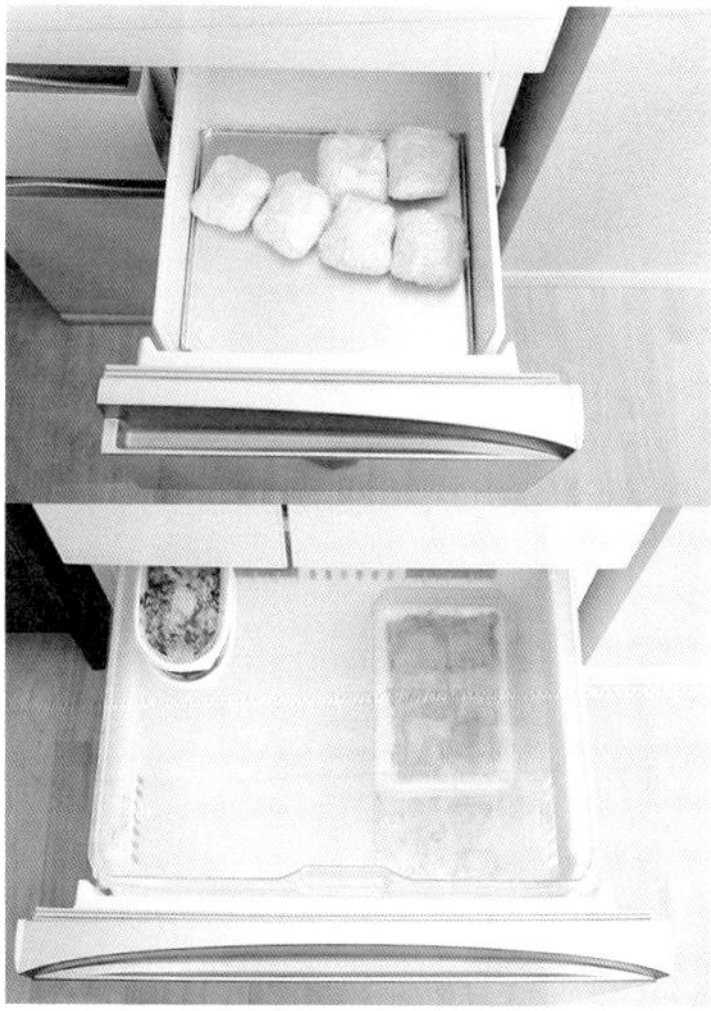

►冷凍庫内にあるのは1食分ずつのご飯、ふるさと納税で届いた肉、〈つくりおき.jp〉のおかず

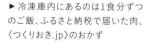

洗面台にあるのはソープ
とペーパータオルのみ

◀タオルのほか、わたしの服、家族の下着類や普段着は、すべて洗面所内の棚に収納。上から夫、わたし、タオル類を置く家族共用部を挟んで、子どものスペースに割り当て

▲鏡面裏収納には使うものを並べてあるだけ

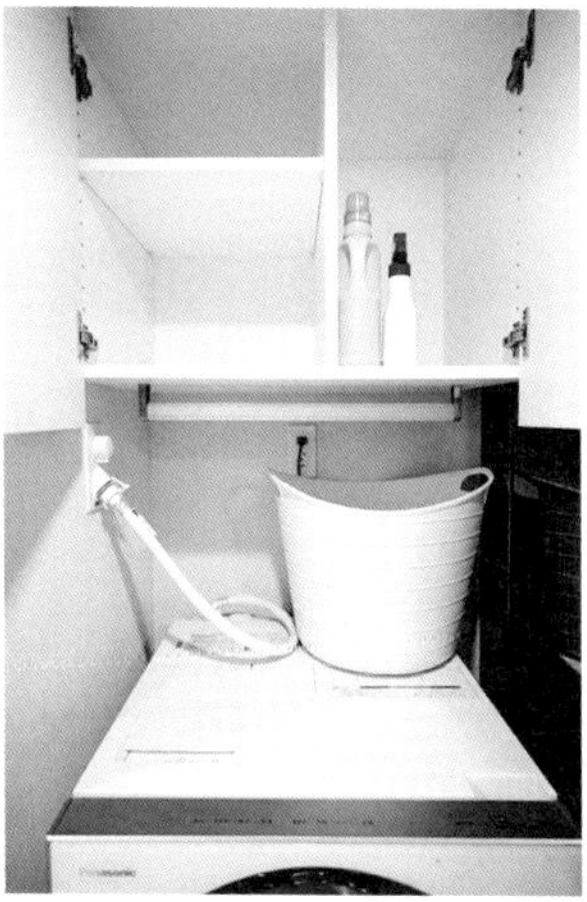

◀洗剤など日用品のストックも1か月分以上は持たない

トイレ

▲トイレは装飾がないほうが清潔を保ちやすい

お風呂

▲シャンプーやボディソープ類は家族で共用。掃除道具も最低限

玄関

▲わたしの靴は1足、夫は4足、子どもはスニーカーと長靴を1足ずつ。たたきや廊下にも、ものを置かない

◀廊下に備え付けの収納棚に日用品のストックや防災品を保管(詳細はp.182へ)

▲息子が2歳を過ぎてベビーベッドを卒業するタイミングで、家族全員マットレス生活に。マットレスだと部屋を多用途に使える

▲夜は寝るだけなので、おもちゃや本棚は置かない。左がわたしと息子、右が夫と娘の寝室。あるのは寝具とベビーモニター、夫の仕事机とイスのみ

クローゼット

▲2つあるクローゼットにあるのは、夫の服と布団乾燥機（左）、子ども用寝具の替えとクリスマスツリー（右）

◀わたしの服はワンピース1着（春夏で1着、秋冬で1着。写真は秋冬用）。アウター2着で年間常時3着

プレイルーム

リビング横の1室を子どもが遊ぶ部屋として使用。大きな本棚が2つある

▲クローゼットの衣装ケースは上2段がおもちゃ、下2段が子どもの衣類(1人1段ずつ)入れ。子ども服もそう多くは必要ない

◀本棚の上段、中段には本や教材を。子どもが出し入れしやすい下段はおもちゃ収納に

わたしの持ち物は40点

貴重品

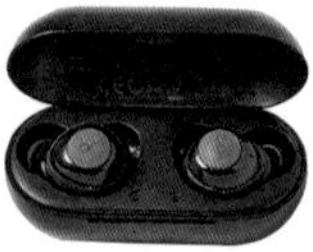
ワイヤレスイヤホン

カギ

スマホ

印鑑

キャッシュカード
クレジットカード
免許証
健康保険証
マイナンバーカード
印鑑登録証

結婚指輪
婚約指輪

パスポート

化粧品ほか

クリーム

フェイスパック

化粧水

美容液

クレンジング

シェーバー

ネイル強化剤

ケアオイル

リップクリーム

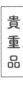

日焼け止め

歯ブラシ

毛抜き

※2024年2月時点。自分以外の家族も使うものはカウントしていません

服

アウター①
ダウンコート

ワンピース

アウター②
薄手ジャケット

日焼け防止
マスク

帽子

ナイトブラ2枚

靴下2足

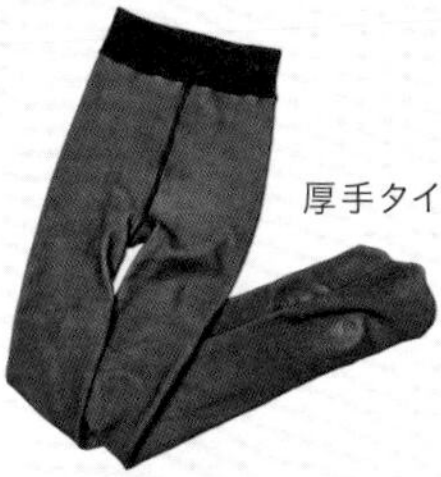

厚手タイツ

吸水ショーツ3枚

晴雨兼用
折りたたみ傘

スニーカー

はじめに

はじめての育児は不安だらけ

はじめまして。ミニマリストNozomiです。

夫、娘、息子の4人で、都内の3LDKマンションに暮らしています。

わたしがミニマリストになったのは2015年。当時はごく普通の会社員でした。その後、2021年にミニマリストとして発信活動をはじめ、2023年の春に会社員を卒業。現在はミニマリストとしての活動を主軸に、自分の好きなことを仕事にして生活しています。

今でこそスマートな暮らしを発信しているわたしですが、本格的に発信活動をする前、第1子の娘が生まれたばかりのころは、毎日不安と悩みを抱えて過ごしていました。

娘は低出生体重児で、少し体が小さく生まれてきました。小さいのに授乳してもなかなか飲んでくれず、増えない体重と成長曲線を見比べる毎日でした。産後のホルモンの影響もあったと思いますが、当時のわたしはかなり神経質になっていて、

「なんでこんなに小さいのに飲んでくれないんだろう」

と、ネットで調べたり本を読んだり。何かできることはないかと躍起になっていました。


当時は地域の助産師さんに、2週間に1回のペースで家に来てもらっていました。助産師さんからは、

「ご機嫌に過ごしているし、この子はこの子なりに大きくなっているから、全然問題ない」

と言われていました。


確かに、成長曲線は下限ギリギリだったけれど枠内には入っていたし、順調に伸びてはいたのです。それでも、同月齢の赤ちゃんと比較して小さいことばかりが気になって、不安な気持ちは収まりませんでした。

そして、その不安から、ものや家事がどんどん増えていきました。

「これがあれば、育児がラクになるのではないか」

「これがあれば、子どものためになるのではないか」

独身時代から私物はトランク1つという身軽さで生活し、結婚してからも極力ものを増やさずに暮らしてきたわたしですが、はじめての育児に戸惑う中で、普段よりもものを買うハードルが低くなっていたのです。

わたしがよく購入していたのが、授乳や離乳食関係のもの。哺乳びんが合わない子にはスプーンがいいと聞けば専用スプーンを買い、離乳食づくりに便利なアイテムがあると聞けばそれを買い漁る。生後7、8か月の娘のためにスプーンもお皿もそれぞれ3種類以上はあったと思います。

離乳食も、手づくりのほうがおいしいし栄養価も高くなるのでは、と考えて、苦手な料理にも時間をかけていました。離乳食本を参考にしながら、毎週末にせっせとつくり置き。調理道具や食器類が増えていくにしたがって、洗い物や消毒、その片付けといった家事もじわじわと増えていきました。

慣れない育児で右往左往の毎日、ただでさえ寝不足の体に追い打ちをかけるようにストレスがたまっていったのは言うまでもありません。

ものを手放したら子育てがラクになった

そんな生活から抜け出すきっかけとなったのが、家族の協力や子ども自身の成長もありますが、ものを手放したことでした。

あるとき、ふと思い立って当時持っていた離乳食グッズの中でよく使うものだけを残して、それ以外を処分してみたのです。すると、家事にかかる時間が減っていることに気づきました。食事まわりのグッズに続いて、赤ちゃん用チェアやマット類、娘があまり遊んでいないおもちゃなどを次々と手放していったところ、育児がどんどんラクになっていったのです。

家事時間が減って、娘と向き合う時間が増えた結果、ようやく自分を俯瞰して見られるようになりました。悩みの種だった娘の体重についても、

「小さいながらも体重は着実に増えているわけだし、娘は少食なんだから食べたい

ときに食べさせてあげればいい」

そう前向きに捉えられるように。わたしの考え方が変わり、それまで食事のときにかけてしまっていたプレッシャーがなくなったせいか、自然な成長のおかげか、娘も徐々に普通に食べてくれるようになりました。

この経験によって「ものが少ないと、やっぱり生活がラクになる」と再確認したのでした。

仕事復帰後、とにかく時間が足りない!

娘の保育園が無事決まり、1歳児クラスへの入園と同時にわたしも仕事復帰しました。当時は第2子を妊娠していたので、また少しすると産休に入ることが決まっていました。その負い目(誰かから咎められたわけではないのですが)と、幸い妊娠中の体調が安定していたこともあって、時短勤務を選択せずにフルタイムで復職しました。

復職後の生活は育休中とは一変します。

皆さんそうだと思いますが、朝、子どもを保育園に預けて出社し、終業後に迎えに行き、夕飯、お風呂、歯磨き……とタスクをこなすので精一杯。育休中は、夕方から夜寝るまでの時間を比較的ゆっくり過ごすことができていましたが、同じペースでやっていたら子どもの就寝時間が遅くなるだけです。

限られた時間で、やるべきタスクをこなすために削られたのは、就寝前にたっぷりとっていた子どもの絵本タイムでした。

娘は絵本が好きで、絵本の読み聞かせをするといつも機嫌よくニコニコしています。この時間はわたしも穏やかな気持ちで過ごせるので娘もそれが嬉しかったのかもしれません。わたしにとっても平日に子どもとゆっくりできる唯一の時間。1日の中で一番幸せを感じられる時間でした。

この時間が削られてしまうのはしょうがないと思う一方で、やっぱり寂しいし、子どもにも申し訳ない。思い通りに時間を使えないことでわたしのイライラも募るばかりでした。

なんとか時間を捻出したい。

家事や煩わしい雑事は最低限にして、自分が本当に大切だと思えることに時間を使いたい。

そうした思いが日に日に強くなっていきました。

そのためにわたしがしたことは、さらにものを減らすことでした。

ものを最低限にすれば、自然と家事も減ります。少ない労力で生活を回せるようになれば、気持ちにも余裕が生まれます。

ほどなくして息子が生まれ、わたしは2児の親となりました。息子が生まれた当時、娘は1歳5か月。2人の乳幼児との生活はそれなりに大変でしたが、娘のときのような先の見えない不安感はありません。息子は生まれたときから最低限のものと家事で過ごしましたが、不自由は一切なし。むしろストレスがほとんどなく、かなり余裕を感じながら今日まで過ごしています。

乳幼児がいてもゆとりのあるわたしの1日

今、娘は4歳、息子は2歳を迎えています。

現在の生活はどんな感じかというと、ものは最低限で、家の中が常に片付いているので、わたしも夫も心穏やかに過ごすことができています。部屋のすみずみまで清潔な状態は、何をするにも快適です。

わたしも夫も家事に追われていないので時間にゆとりがあり、子どもと一緒に遊んだり絵本を読んだりする時間が十分にとれています。仕事で疲れたりストレスを抱えたりしても、家で家族と過ごすことで心身をリセットすることができているように思います。

そしてその結果、家族全員、笑顔でいられる時間が増えているのです。

実際の、わたしの1日のスケジュールを次のページでご紹介します。

平日朝

5：40　起床、洗濯物の処理

前夜に洗濯・乾燥した衣類を取り出して、しまう（ほぼ、たたまない）。わたしの服はワンピース1枚だけなので、コーディネートに悩む時間はゼロ。夜洗濯したものにこのタイミングで着替える

5：50　身支度

スキンケアはしっかり。眉はアートメイクをしているので、日焼け止めだけ

6：00　朝食づくり

子どもの食事を用意。朝食は火（コンロ）を使わないメニューで固定化

6：10　家族を起こす

6：25　朝ごはん

朝ごはん後の食器洗いは、使った器が少なくても食洗機を使用

7：00　子どもの身支度を済ませ、一緒に遊ぶ

7：25　子どもを保育園へ送る

この間に月曜、金曜はロボット掃除機を起動。自分で掃除機はかけない

8：00～16：00　仕事

平日夜

16：30　保育園のお迎えから帰宅

手洗い後、保育園から持ち帰った服を洗濯かごへ

16：45　夕ごはん準備

つくり置きしたおかずを盛りつけて、電子レンジで温める

17：00　夕ごはん

夫がいれば4人で食べる

17：30　お風呂

子ども2人とお風呂へ。上がるタイミングでついでにお風呂掃除

18：00　洗濯

洗濯乾燥機のスイッチを入れる

18：15　水分補給、歯磨き

18：30　絵本タイム

この30分は1日の中で一番大切にしている時間

19：00　子ども就寝

子どもを寝室へ連れていき、寝かしつけ（娘も息子も30分ほど添い寝）

19：30〜22：00　自分時間

読書、夫婦で会話、発信活動など好きなことをする。この時間は家事を一切しないと決めている

ものを減らして、大切なことに時間をかける

ミニマリストというと、「とにかくものが少ない人」というイメージを持たれると思います。確かにそうなのですが、ミニマリストがしているのは「必要なもの・大切なものを自分にとって管理できる最低量にまで絞る」こと。そしてその目的は「大切なことに集中する」ため。わたしにとってミニマリストとは「自分にとって大切なことがわかっている人」なのです。

わたしが今大切にしたいのは、子どもと過ごす時間と好きな仕事をする時間です。毎日同じ1着のワンピースを着ているのも、これらに集中するため。今のわたしにとって服はそこまで関心があることではなく、毎朝何を着ようかとか、コーディネートをどうしようかということに、頭を悩ませたくないのです。

自由になる時間が増えれば、子どもと接するにも余裕ができるし、自分がやりたいことをあきらめなくていい。それはわたしにとっても、きっと家族にとっても幸

せなことです。

本書では、「余計なものを手放して大切なことに集中する」ミニマリスト思考をベースに、わたしが実践している家事や育児をお伝えします。わたしと同じようにはじめての育児に苦しむお母さんお父さんや、育児や家事で自分の時間がなくなってしまったという人に、この本を役立てていただけたら嬉しいです。

もくじ

ステップ1　ものを減らす

部屋別　わが家にあるもの・ないもの

第2章 家事をやめて、時間を生み出す

わたしのミニマル家事

第3章 子育てこそミニマルに

第4章 ミニマリスト思考で自分らしく生きていく

※本書掲載の商品情報は２０２４年２月時点のもので、今後変更の可能性があります。

第 1 章

ものを減らせば ラクになる

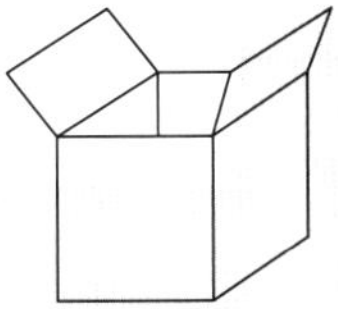

ものが少ないとラクなわけ

ものが少ない生活のメリットは数え切れないほどたくさんあります。わたしは独身時代から最低限の持ち物で生活していて、1人暮らしでもそのメリットを十分に享受してきました。でも、ものが少ない生活のラクさを心から実感したのは、間違いなく子どもが生まれてからでした。

子育て世代を助けてくれるに違いないミニマリスト生活。わたしが感じているメリットをまずお伝えしたいと思います。

1 家事時間が減る

ものの多さは、そのまま家事の多さに直結します。ものは管理が必要で、ものが少ないと自然とその手間が減り、家事時間をぐっと短縮することができます。

1つ1つの家事の労力も減ります。

たとえば掃除。わが家は巻頭の写真にあるように家具も少ないので、ロボット掃除機をすぐ稼働できます。スイッチを入れる前にすることは、イスをダイニングテーブルに上げるだけ。思い立ったときにすぐに起動できるので、いつも清潔な状態をキープできます。キッチンの作業台や洗面台にもほぼ何も置かれていないので、料理に取りかかるのもスムーズです。

それ以外の家事もラクになります。わたしがしている最低限の家事の詳細は第2章で詳しくご紹介します。

2 ストレスが減る

ものが多ければ多いほど、片付けたり、探したりというストレスが増えます。帰宅したときに家の中がごちゃついていると、途端にイライラ。やらなきゃいけないことが頭の中に押し寄せてどっと疲れてしまいます。

ものが少なく、家が常に片付いている状態は、まずそれだけで気分がスッキリするものです。子どもが小さいと、園へのお迎えから寝かしつけまでノンストップでタスクが続きます。家の中が整然としていたら、こうした毎日のルーティンにも前向きに取り組めます。

3 お金が貯まる

ものが少ない生活は、貯蓄にも向いています。家には必要最低限のものしかなく、すべての物量が見渡せる状態なので、余計なものを買う、すでに家にあるものをまた買ってしまう、ということが起こりにくくなります。

わたしはワンシーズンにワンピース1着で生活しているので被服費もミニマルです。子どもの服も必要最低限の数でやりくりしていて、家族の普段着はすべて洗面所の収納棚に収まってしまうほどの量です。最低限の服を着回す生活で、出費はかなり減ります。

キッチンが散らかった状態だと自炊するのも億劫になり、外食で済ませたくなったり、お惣菜を買ってきたりが増えます。ものであふれた家では落ち着かず、休みの日は外に出かけたくなってしまうかもしれません。一方、家がいつも清潔で片付いていたら、家でくつろぐことができるので自然と家で過ごす時間が長くなります。外食費やレジャー費の無駄遣いも、防ぐことができます。

4 家族仲がよくなる

ものが多いと、家事や片付けに追われて日々の生活をこなすことでいっぱいいっぱいになってしまいます。家事の分担やお互いの仕事状況などについて、夫婦でまめに話をする時間も持てません。子育て中はなおさら、夫婦2人暮らし時代にはなかったケンカの種も増え、すれ違いが生じてしまうことも。

ものが少なく家事に追われない生活なら、コミュニケーションをとって軌道修正する時間も持て、相手の状況を思いやる余裕も出てきます。

子どもとの関係性もしかり。毎日子どもと接してはいるけれど、なんとなく慌ただしく過ぎていくだけだったり、何か別のことで頭がいっぱいで上の空で接していたり。そんなことが続くと親の気持ちもささくれだってきます。

家事に追われずストレスフリーだと、家族時間が増え、風通しよくみんなが穏やかに過ごすことができます。

5 やりたいことをあきらめなくていい

小さい子どもがいるお母さんお父さんは、なかなか好きなことを自由にする時間をとれていないと思います。でも、「自分時間」がないと息が詰まってしまいます。

家事時間が減ると、自分のやりたいことに時間を使えるようになります。わたしはその時間で好きな本を読んだり、なんとなく楽しそうだなと思っていたSNSをはじめたりしました。家事や育児以外の時間を過ごすことで、だいぶリフレッシュができました。

わたしはSNSが楽しくてのめり込むことができ、結果的には会社員を卒業し、ミニマリストとしての活動を主軸とするまでになりました。

時間があれば、疲れがリセットできたり、新しいことや好きなことをはじめられたり、あるいは自分は何がやりたいのか、どんな将来にしたいのかをじっくり考えることもできます。そして、何かチャレンジしたいことが見つかったら、それに集中することもできるのです。

ステップ
1
ものを減らす

では、どうやってものを減らせばいいか？

どんな方法でものを管理すればいいか？

ここからはものを減らしていく具体的な方法をお伝えしていきます。

片付けの鉄則として、まず「ものを減らす」（ステップ1）、次に「定位置を決める」（ステップ2）、そして最後に「元の場所に戻す」（ステップ3）ということがよく言われます。ものの量を少なくして、その住所を決め、使ったら戻す。これが容易にできるようになれば、また散らかることはないわけです。そして一番難しいのが最初の「ものを減らす」ステップです。これが徹底できれば、「定位置を決める」「元の場所に戻す」は一瞬で終わります。

ものを手放すヒント

「ものを減らす」のはシンプルな行為ですが、いざやりはじめると難しいものです。実際、不要なものを前にしても「いつかいるんじゃないか?」「自分にとって大切なんじゃないか?」と、さまざまな思いが浮かんでくるでしょう。

でも大丈夫。ものを減らすにも段階を踏んでいけばいいのです。次に、ものを手放すためのヒントをお伝えしていきます。読み進めていくうちに、案外、家の中に不要なものがたくさんあることに気づくはずです。少しずつ手放すことに慣れていきましょう。次第に、自分にとって必要なもの・大切なものも明確になってきます。

こんなものは手放せる

あきらかなゴミ

この項目を見て「あきらかなゴミなんてないよ」と思った人も多いかもしれませ

ん。でも、家の中を見渡してみてください。

・「後で選別しよう」と何日も出しっぱなしになっている机の上のDM
・「後でまとめて捨てよう」とたまり続けているダンボール
・賞味期限が切れている食べ物や調味料
・もう何年も使っていない常備薬
・財布に入っているぐちゃぐちゃのレシート
・縮んで着られなくなったセーター
・穴が空いた傘

こういったものはありませんか？　使えないもの・壊れているもの・期限切れのものは、まさにゴミです。あきらかなゴミなのに、それがある状態が当たり前になっていつもの風景と化していると気づけないものです。

あきらかなゴミは捨てやすいので、まず最初にチェックして勢いをつけましょう。

そして「手放すスイッチ」をオンにして、一気に片付けを進めていきましょう。

こんなものは手放せる

☑用途のわからないもの

家のあちこちにありながら、実は何に使うのかわからないものは意外と多くあります。たとえば、

・よくわからない家電のケーブルや部品
・家具の付属品
・家電の予備パーツ

などです。これらは、「いつか使うかもしれない。そのときになかったら困る」と思って長らく保管しているもの。もはや本体は家にないのに、付属品だけが残っているケースもありそう。あきらかに古いものや、もう何年も使っていないものは、今の生活には不要なものとして、捨てても問題ないと思います。

また、こうした事態を防ぐためには、ケーブルや部品に、あらかじめラベリングしておくのがおすすめ。わが家では、子どもが使う電子ペンが数種類あるのですが、

充電ケーブルが異なっていて紛らわしいので、ケーブルにマスキングテープを巻き付けて目印にしています。

こんなものは手放せる
何個も持っているもの

色や形が似ている服、同じようなシーンで使うバッグ、何着もある部屋着、しまい切れない量のタオル、同じ用途の調理ベラやお玉、家族の人数分以上あるカトラリー……などなど。

必要以上に持っていたり、理由もなく買っていたり。ただ漫然と増えているものはありませんか？

たとえばハサミも、たくさんあっても一番よく使うのは使い心地のいい1本ではないでしょうか。同じ用途のものがたくさんあっても、結局今使うもの、使いたいと思うものは1つだけなのです。

こんなものは手放せる

☑再利用できるもの

お菓子の入っていた缶や空き箱、紙袋、ダンボールなどは、再利用のために保管しがちで、徐々に場所を占領していくものです。

わたしもミニマリストになる前は、ディズニーランドで買ったお土産の箱を大量にストックしていたり、スターバックスのおしゃれなテイクアウト用紙袋を集めていたり（今では考えられませんが、紙袋を手に入れるためにフラペチーノを買う、というような生活をしていました……）。

こうしたたまりがちなアイテムは、保管する枚数またはスペースを決めてあとは処分することです。紙袋なら、大中小を各2枚ずつ持っておくと決めてみるのです。それで1か月問題なく過ごせるならそれ以上増やさないようにします。決めた枚数で足りない場合は中を4枚にしようなどと、柔軟に考えます。使いやすそうな紙袋が入ってきたら今あるものと入れ替えて更新していきます。

枚数を決めるのが面倒な場合は、保管するためのスペースを決め、そこに入る分はOKとします。

ちなみに、ダンボールは夏場に虫が発生するリスクもあるので、ためすぎには注意が必要です。

☑ 今使っていないもの
こんなものは手放せる

ものを手放すかどうかを考えるときに、「いる／いらない」で分けることが多いと思います。でも「いるか、いらないか」という二択だと、感情が入り込みやすく、判断ができないことが多々あります。

そこでわたしがおすすめするのは、「使っている／使っていない」で分けること。実際に使っているかどうか、という事実をもとに考えられるので、明確に判断することができます。

子どものおもちゃを整理するときもこの考え方が役に立ちます。子どもに「このおもちゃ、いる？」と聞いてしまうとほぼ100パーセント「いる！」と返ってくるので片付けがなかなか進みません。このとき「このおもちゃ、使ってる？」と聞き方を変えてみると、「使っていない」と答えるものが出てきます。これが選別のチャンス。「だったら、○○ちゃんにあげようか？」などと、手放す提案をしてみると、受け入れやすくなります。また、しばらくは普段使っているおもちゃ置き場とは別の場所に置いておく→一定期間経ったら確認して手放すなど、もう少し時間をかける方法もあります。

1年使っていないもの

こんなものは手放せる

今使っていなくても、季節が変わると使うものも当然あります。そういったものは「ここ1年で使ったか」を考えてみます。人はだいたい1年間で同じような生活をくり返すので、1年使わなかったものは、その先も使わない可能性が高い。

たとえばクローゼットだったら、1年着なかった服、使わなかったバッグ、帽子、靴下など。文房具だったら、1年使わなかったメモ帳やペン類など。

「今使ってないし、ここ1年も使っていない」もので、この先1年間で具体的に使うシーンが思い浮かばないのであれば、手放してしまっても問題ありません。

こんなものは手放せる

☑ 存在を忘れていたもの

捨てられるものがないかを探していると、「そういえばこんなものを持っていたっけ」というような、存在を忘れていたものがたくさん出てきます。

たとえば、キッチン収納の奥に何年も使っていないホットプレート、たこ焼き器、ジューサーなどが見つかったとき、「やっぱり活用したい！」と思ってまた元の場所に戻そうとしたら、「ちょっと待った！」です。

それって、今の生活に必要ないから忘れていたもの。今あるもので十分生活できているのだから、本来手放してもいいものなのです。

存在を忘れていたものは、無理して活用しようとせず、潔く手放す。過去に十分自分を楽しませてくれた、役割をもう終えている、と考えると手放しやすいです。

こんなものは手放せる

☑「いつか使おう」と思っているもの

「いつか使うかも」。片付けをしているときに、誰もが思い浮かぶセリフかもしれません。

でも、その「いつか」が本当にきたことはあるでしょうか。毎回片付けのたびに「いつか使うかも（でもその〝いつか〟がくるかどうかはわからない）」と、かえって負担に感じてしまう人もいるのではないでしょうか。

わが家でも、5年以上使っていないテニスやバドミントンのラケットを夫が持ち続けていました。わたしが「なんでずっと持っているの？」と聞くたびに、「まだ使えるし、いつかするかもしれない……」と言うのです。そして、それを答えるときはいつも少し後ろめたそうな顔をしていました。まさに、「その〝いつか〟がいつくるかはわからないけど……」という気持ちが表れていたのだと思います。

なんらかの具体的な計画が立っていない限り、その「いつか」はこの先しばらくこない可能性のほうが高い。だったら今は手放して、本当に使うときがきたらまたワクワクした気持ちで新しく買う、でもよいのではないでしょうか。

こんなものは手放せる

☑「捨てたほうがいいかな？」と人に聞きたくなるもの

片付けをしているときに、一緒に住む家族などに「これって捨てたほうがいいかな？」と確認したくなることがあるかもしれません。

人にジャッジを委ねたくなったものは、ほぼ100パーセント手放していいもの。本当に必要なものなら、人に聞くまでもなくわかります。

こうしたものは、たいてい心の中では密かに手放したいと思っているのに、ちょっとしたことが邪魔をして踏ん切りがつかないもの。誰かに背中を押してほしいだけなのです。

同様に「それいる？」と人に聞かれたときに「いる」と即答できないものや、答えをはぐらかしたくなるものも、実は不要なもの。なんだかんだと言い訳を並べてしまうものは、本当はいらないものなのです。

こんなものは手放せる

誰かにあげようと思ったもの

「人にあげよう」と思ったものは、あきらかに今の自分にはいらないもの。人にあげることは、手放す痛みを人に渡すことにもなりえます。

わたしの知人（小さな子どものいるお母さん）が、上質なコートを手放すことを迷っていました。子育て中の生活で「今の自分はもう着ない。でも高かったし状態もいいから迷う」とのことでした。彼女は結局、友人にコートを見てもらい、友人が気に入ったので気持ちよく譲ることができたそう。

このケースのように、誰かにあげることで相手も100パーセント活用してくれて、自分も部屋がスッキリして嬉しいというのは、とても幸せな循環だと思います。

逆に、相手が喜んでくれる確証がなければ、あげないほうがいい。

「人にあげよう」と思ったときは、まず譲る相手が具体的に浮かんでいるか、そして自分があげるものによって相手の生活がよりよくなるのか、までを慎重に考えるべきでしょう。相手が特定できていない場合は、「いつか使おう」と同じで、その誰かは現れない可能性が高い。また、「きっと喜んでくれるだろう」と思い込むことは、ものを捨てる罪悪感を人に押しつけていることと同じです。

ものの最後までちゃんと自分が引き受けることで、「次買うものは大切にしよう」と実感でき、1つのものを長く大切に使うことにつながります。

多すぎる服はストレスになる

片付けられない、と嘆く人の悩みに共通しているのが「服の多さ」です。多すぎる服はあきらかにストレスになります。服は適切にケアしないと型くずれしたりシワになったりするので、量が多いと管理も大変。たくさんある服の中から着るものを探し出すのもひと苦労で、選択肢が多いとコーディネートも悩ましい。服がたくさんあるのに「今日着たい服がない」状態には、罪悪感も生じます。

こうした服選びの煩わしさから解放されたくて服を減らしていき、今はワンピース1枚にたどり着いたわたしですが、もとから服に興味がなかったわけではありません。大学生のころはむしろ服を買い漁っていて、春夏秋冬と季節ごとにほぼすべての服を入れ替えるくらいでした。

当時のクローゼットは、まさに「タンスの肥やし」だらけ。振り返ると実にもったいなかったなぁと思います。

次に、今すぐ手放せる服の特徴をまとめました。これから新しく服を買うときにも、ぜひ参考にしてください。

☐ お手入れが面倒な服

こんな服は着なくなる

どんなに気に入っていたとしても、シワになりやすかったり、着るときにアイロンがけが必要だったり、着た後にクリーニングに出す必要があったりする服は、手に取りづらくなります。

特に、ホームクリーニングができない服だと、着た後にクリーニング店を往復する手間と時間、そしてクリーニング代がかかり、着るのに覚悟がいります。

わが家はすべての衣類を毎晩、洗濯乾燥機にかけているので、シワにならない素材であることは必須条件。わたしのワンピースも夫のワイシャツも、ホームクリーニングができてアイロン不要な生地のものを選んでいます。

以前は慶事用のドレスを1着持っていましたが、毎回着るごとにクリーニングに出すのが億劫になり、思い切って手放してすべてレンタルで済ませることにしました。服に限らず、ものは手入れのことまで考えて買うべきだと思います。

☑ 色や形が特徴的な服

こんな服は着なくなる

デザインが特徴的だったり、原色が全面的に使われていたりするような派手な服や目立つ服は、一度着たら人に強い印象を残すため、着る回数が減りがちに。着るほうも飽きやすく、クローゼットの中で「スタンバイ要員」になってしまう可能性が高い。買うときは、「週1回以上着られるか」と考えてみることをおすすめします。

着心地が悪い服

こんな服は着なくなる

キツくて動きにくい、チクチクするなど着心地が悪い服も出番が減ります。買うときは「欲しい」という気持ちが勝ってマイナス点を大目に見ても、着用中に不快感があると徐々に着る頻度が低くなり、最終的には着なくなることが多いです。

汗ジミが目立つ服

こんな服は着なくなる

特に夏場、グレーの服など汗ジミが目立つ服は、手に取る機会が減っていきます。今は汗が目立たない加工がされた服もあるので、確認してから選びたいものです。

こんな服は着なくなる

☑ 安さを理由に買った服

セールになっていると「色が好みじゃないけど着るかも」「ちょっと大きいけど安いからまぁいいか」と普段より買うハードルが低くなりがちに。気になる点に目をつむって買っても、結局はその引っかかっている部分がネックになり、たいてい着なくなります。お得だから買おうというのは、服自体を買っているのではなく、お得感を買っているだけです。

こんな服は着なくなる

☑ 同じ目的で持っている服

季節の変わり目に着る薄手のコート、アウトドアで着るウィンドブレーカー、部屋着用のスウェットなど、着るシーンや目的が明確な服は、数があってもあまり意味のない服です。結局はいつも「お気に入りの1枚」を選びがちで、2番手には手が伸びないことが多いからです。仕事用のジャケットなど、ある程度数が必要なものは、あらかじめ手持ちの枚数を把握しておくと、余分なものを買わずに済みます。

家族で服を持ちすぎないコツ

わたしがワンピース1着（アウター含めて年間3着）で過ごすようになったのは、2021年の秋から。当時は育休中かつコロナ禍で外出の機会も少なく、「1着にできるかも」と思ってやってみたらできてしまった、という感じで今に至ります。育休明けにフリーの在宅ワーカーになったことで外勤用の服を用意する必要がなくなり、1着生活が持続しています。

先日、家族の服の総数を数えてみたら、4人で53着でした（夫→24着、わたし→3着、娘→13着、息子→13着※下着や小物は除く）。

わたしは家で1人で仕事をしているので最低限の数で過ごしていますが、夫は在宅ワーク＋週に1、2回出社するので、出社時用にスーツやワイシャツが必要。娘と息子も平日は毎日保育園に通っていて、園で必要とされる枚数があるので、それぞれ上下5枚ずつは常に持っていますし、夏は水着が必要にもなります。この前は娘が保育園では着られないワンピースを家で着たいと言うので、休日用に好きな柄のワンピースを買いました。

こんなふうに、家族の服の種類や総量は流動的ですが、それぞれに適した量をキープするために意識しているのが次の3点です。

服を少なく持つコツ1

お気に入りはどんどん着る

服の数を最低限にするにあたり、「好きな服を着る」ことはとても大事です。好きな服を着ていれば気分がいいし、「もっと欲しい」という衝動も起こりにくくなります。1軍の服だけを持つ、とするのです。

この考え方で、夫は無理なく服を減らすことができました。夫はアウトドアブランドの服が好きで、登山やキャンプに行く際にそれらを着ていました。あるときこれを部屋着としても着るようにしたところ、「毎日好きな服を着られて嬉しい」と言うので、もともとあった部屋着を手放すことができました。いつもお気に入りを着ることで、少ない数でも満足できることを実感したようです。

服を少なく持つコツ2

服はワンシーズンで「総買い替え」

家族の服は基本的にワンシーズン（半年）で総買い替えすることを念頭に置いています。服が多い人はたいてい、1枚の服を徹底的に着ない、つまり着倒さないうちに新しい服を買い、前の服を「まだ着られるから」とクローゼットに残し続け、服が積み重なっているような状態です。こうなるのを避けるため、わが家ではワンシーズンごとにクローゼットを一掃。服の数が少ないと、半年着ればそれなりにくたびれてくるので、躊躇なく手放して服を新調します。大人の上着などは別ですが、部屋着や下着類、靴下、夫のワイシャツ、子ども服は、春夏用／秋冬用とワンシーズンで買い替えて、翌年に持ち越しません。子ども服の「お下がり」もしません。衣類収納にあるのは常に「今着る服」のみにしていれば、服が増えすぎることはありません。

必要になってから買う

服はたいてい、夏の終わりには秋服が、冬の終わりには春服が一足早く店頭に並びはじめます。色やサイズが豊富なうちに先取りして買いたい気持ちもわかりますが、ちゃんと次の季節がくるのを待って「必要になってから」買うほうが無駄がありません。

たとえば春に向けて軽い上着を選ぶ場合。コットンのジャケットがいいのか、カーディガンがいいのか、はたまたベストのようなものがいいのか、そのときになってみないと最適な選択はできません。先を見越して買っても、その後に新調した服と合わなかったり、実際は着る期間が短かったりとなかなかうまくいかないものです。

必要になったときに「今着るもの」を選ぶほうが実情に合わせられて正しい判断ができ、余計な服が増えにくくなります。

すぐに手放せないものは仮置きしてみる

「いらないかも」と思ったものでも、すぐに手放せないものも出てきます。そんなときは、仮置きボックスをつくるのがおすすめです。空き箱でも袋でもいいので、その中に一時的に入れておくのです。

仮置きボックスは、残すものとは別の場所（日常生活で目に入らない場所がおすすめ）に置いておきます。そして、一定期間、たとえば1か月と決めて、普段通り生活します。すると服であれば、意外と普段使っているクローゼット内のものだけで1か月生活できることに気づくものです。ここまでくると、仮置きボックス内の迷った服は「なくても大丈夫だ」と実感できます。一定期間経った後に、ボックスの中身を見返すことなくそのまま手放すことができたら成功です。

それでも決心がつかなかったらそのまま、もうしばらく（数か月）ボックスに入れて継続してもいいですし、仮置きボックスの中のものが必要になったらこれまでの収納場所に戻す、という感じにすればいいのです。

この方法は、服だけでなく食器や調理器具、子どものおもちゃなど、数が増えがちなもの以外に、家具など大物を手放すときにも有効です。

なくしたい大型家具や家電を別の部屋に置くなどして1か月ほど生活してみるのです。家族が反対していても、ない状態を体験してみることで「なくてもいいかも」「ないほうがスッキリして気持ちいい」と気づくことができ、納得して手放すことができます。わが家はこの方法で、ソファ、ラグ2枚、ローテーブル、プレイマットなど、大物を手放すことができました。

片付けはバックヤードから

片付けをはじめるときに真っ先に手をつけたくなるのが、人目につきやすいリビングや、作業の多いキッチンです。

でも、リビングやキッチンから片付けはじめるのはおすすめしません。いずれもものが持ち込まれやすい場所なので、一時的にきれいになってもリバウンドが起きやすいからです。

では、どこからはじめればいいのか。おすすめは、クローゼットや押し入れ、納戸などのバックヤードから片付けることです。

バックヤードには、忘れていたようなものがたくさんあります。

・数年前に使っていた家電やその空き箱
・何年も出していない季節用品
・長年使っていない来客用布団
・いつかするだろうと思って何年も放置されている趣味用品……などなど

処理に困ったものの行き場になりやすいのがバックヤードで、家の中で一番ものを減らしやすい場所です。ここでごっそり減らせたら、大きな空間ができる。この空間をまず確保しておけると、リビングやキッチンなどの整理で出てきた「手放すもの候補」を仮置きする場所ができるので、効率がいいのです。

フリマでは高く売らない

片付けが進むと、不用品がたくさん出てきます。中には「まだ使えるから、きれいだからフリマサイトで売ろう」と思うものも出てくるかもしれません。捨てるより必要とされる人の手に渡るほうがサステナブルですし、お金になればそれに越したことはありません。

このときに留意したいのが、「フリマでは高く売ろうとしない」こと。〈メルカリ〉や〈ラクマ〉などで値付けを高くすると、売れるまでに時間がかかります。これでは、本来の目的である「不用品を手放すこと」を見失ってしまいます。

わたしもたまにフリマサイトを利用しますが、手放すことを目的としているので、1週間以内に売り切るような工夫をしています。

短期間で売り切るための工夫は次の通り。

1　写真はきれいに撮る

2. 相場より1、2割低い価格を設定
3. なるべく値下げ交渉に応じる
4. 返信は早めに

わたしのフリマサイトの売上は、高く売ることにこだわらなくても2年半で26万4890円になりました。不用品を手放して得たお金を、自分が本当に欲しい時短家電などの費用に充てることができています。

フリマサイトにこだわらず、リサイクルショップに持ち込むことも検討します。フリマサイトよりも引き取り価格はぐっと抑えられてしまいますが、売れるものならばすぐに引き取ってもらえて不用品を一掃できるのが大きな利点。あくまで目的は売ることではなく片付けること。これを忘れてはいけません。

家族のものは捨てない

家のものを減らしている最中に、「せっかくものを減らしても、夫（もしくは妻）

のものが多くて片付かない」と感じてしまうことがあるかもしれません。わたしもかつて同じことを思っていました。

告白すると、わたしは過去に夫のものを勝手に捨てたことがあります。まだ子どもがいない夫婦2人暮らし時代のことです。わたしは当時からミニマリストで、ものが少ない暮らしをしたいと思っていました。対照的に夫はいわゆるマキシマリストで、ものをため込む生活をしていました。しばらくは夫のものを整理するだけにとどめていたのですが、次第に夫のものの多さに不満を感じるように。そしてある日、夫の不在時に夫の服をゴミ袋2つ分ほど勝手に捨てる強行に出たのです。

しばらくは何もなく過ごしていたのですが、ついにあるとき夫が「あの服どこいったか知ってる?」と聞いてきました。平静を装いつつ「全然使っていないようだったから捨てたよ」と答えたところ、夫はかなり怒りました……。

当たり前です。自分にとってはいらないように見えても、相手にとっては大事なものかもしれない。ものを持つか持たないかは個人の価値観でどちらかが正しいというわけではない。だから相手の意思を尊重すべきなのです。今ならそうわかるのですが、当時は捨てたその先の気持ちよさにばかり意識が向いてしまっていました。

それ以降は大反省して、夫のものには干渉しないと決めました。自分のものや自分ができる範囲に徹するのです。つい家族のものが気になるときは、「自分のもので、減らせるものはもう紙切れ1枚もないと言える?」と自問してみることです。不要なものは、きっとまだまだあるはずです。

共有のものを処分するときも夫に必ず確認します。「これは全然使っていないから捨ててもいい?」と聞いて、納得してもらってから捨てるようにしました。

わが家は、これをひたすら続けていたら、徐々に夫も自分のものを減らしてくれるようになりました。もちろん、1日、2日で変わっていったわけではなく、実に5年以上はかかりました。自分以外の人の価値観を変えるのは相当に時間がかかるし、変わるとも限らない。その覚悟を持つことも大事です。

「少なく持つ」ための夫婦共用のすすめ

　ものを少なく持つために、わが家では夫婦でさまざまなものを共用しています。一般的には、シャンプーやリンス、ボディソープなどのアメニティ類、化粧水や日焼け止め等スキンケア用品などは、夫婦で別のものを使っているケースが多いと思います。でも「これじゃなければ」というこだわりがなければ、同じものを使ったっていいはずです。夫婦で共用できるものが増えると、家全体がすっきり片付きやすくなりますし、それぞれの管理（手入れや片付け、補充）にかかる手間と時間も半減します。リュックなどをシェアできれば、２つ買うところが１つで済むため、節約にもなります。

　鞄や帽子、手袋、マフラーなどは共用しやすいアイテム。洋服は、「夫婦でサイズが違うから無理」と思いがちですが、パジャマや部屋着などは共用できそう。わたし達夫婦は身長差が15センチありますが、夫とパジャマを共用し、わたしはこれを運動着にもしていて、筋トレのオンラインレッスン時に着用しています。

そのほか、共用できそうなものとしては、くし、ハンカチ、水筒、レインコート、などでしょうか。夫婦に限らず、子どもと共用できそうなものもぜひ考えてみてください。

捨てにくいものを手放す考え方

思い出の品や子どもの作品、いただきもの、高価だったものなど、手放す難易度の高いものは、あらかじめ不要なものを手放し切った後に手を付けていくほうがいいと思います。

まだ片付けの序盤だったら無理はせず、いったん後回しにしてもOK。着手するときには、次のことを参考にしてみてください。

どう手放す？

☑思い出の品

写真、アルバム、日記帳、記念品……、といった思い出の品は、手放したら二度と手に入らないものです。そのため、無理に減らさなくていい場合もあります。

思い出のものを管理する方法としておすすめなのは、思い出ボックスをつくること。1人1箱、または棚1段と保管するスペースを決め、とっておきたい思い出の品が出てきたら、その中へ片付けます。そして箱があふれそうになったら中身を見直して、手放すものを決めます。手放す前に写真に撮るなど記録を残すのもいいでしょう。この方法であれば、スペースが限られるので片付きやすく、迷ったらその中へ入れておけばいいので、難しくもありません。

守るべきルールは、思い出の品が決めたスペースからあふれそうになっても、そのスペースを広げないこと。増やしていくとキリがないので、満杯近くになったらちゃんと見直します。

思い出の品についてよく質問を受けるのが、卒業アルバムです。自分の小・中・高校時代の卒業アルバムを、皆さんはとってありますか？

トロフィーや賞状なども同じく、もしそれを定期的に見直していて、その時間が充実するのであればとっておいたほうがいいと思います。そうでなく「何年もずっと見ていないし、これからも見返さないだろう」「持っておくべきものだと思っていたけれど、これからの自分には不要かもしれない」と思ったら、手放していいと思います。それを手放しても、あなたの過去や価値が変わるわけではないからです。

ちなみにわたしは、過去の日記や学生時代のアルバム、賞状の類いはすべて手放しました。今持っている思い出の品は、上の子が生まれたときからつくっている家族のアルバムです。つくり方や管理については第3章で詳しくお伝えします。

いただきもの

どう手放す？

人からいただいたものやプレゼントは無条件でとっておくべきだと考える人もい

るかと思います。そういう人は、思いやりのあるとても優しい方なのだろうなと想像します。一方で、贈り主は「このプレゼントをずっと持っていてほしい」と思っているわけではないと思います。プレゼントした時点で満足している人も多いでしょう。

プレゼントする側になって考えてみると、その目的は「気持ちを伝えたい」ということです。それならば、受け取った時点でその役割は終えているはず。

もらいものはとっておくべきというのは、思い込みです。自分がリクエストしてもらったものや、欲しかったもの、気に入ったものなら別ですが、好みではないものを使わないままとっておくよりも、できるだけきれいな状態で手放し、他の人に活用してもらったほうがものにとってもよいはず。

お礼を伝えたいときは、いただいたものを使っている写真を送れば、相手も喜ぶでしょう。そして、その後きれいな状態で行き先を決めるなどすれば、くれた人・自分・ものにとって「三方よし」になります。

どう手放す？

☑購入するときに高かったもの

「買うときに高かったので捨てられない」という声もよく聞きます。ブランド品であればフリマサイトなどで売ることもできますが、オーダーメイドの品や一般的に知られていないブランドだと、それも難しそう。

迷いが生じる原因を突き詰めていくと、所有するときの動機が関わってきます。奮発して買ったものだったり、記念で買ったものだったり。思い入れが手放すことを妨げているのです。

そういうときは、過去ではなく、現在の自分の気持ちにフォーカスしてみて。そのものがあることで、今の自分の生活や気持ちによい影響があるならとっておくべきですし、そう思えないならば手放してもいい。高かったのにそれを活用できていないことに対する重苦しい気持ちも、一緒に手放すことができます。

「自分軸」で判断する

食べ物は捨てどきがわかりやすいものです。期限が切れていたり傷んでいたりしたら食べられないので、迷いなく捨てられます。一方で腐らないものは捨てるのが難しい。賞味期限のように、明確な基準がないからです。

では明確な基準がないものは、何を手がかりに手放せばいいのか。それは、誰でもない「自分軸」です。

ミニマリストになる前、大学時代のわたしはまさに「他人軸」で生きていました。常に気にしているのは「人からどう見られるか」。大学進学で親元を離れ1人暮らしをはじめたわたしは、新しい環境で周りから浮かないよう、毎日違う服やアクセサリーを身に着けていました。最新のファッションに身を包めば友人達から一目置かれ、大学生活がより楽しくなると信じていました。どれだけ着飾ったところで自分の価値が高まるわけではないと、今はわかるのですが当時は気づけなかったのです。

そんな感じの大学時代を経て、社会人2年目でたまたまミニマリストの存在を知って、価値観が大きく変わっていきました。その後数年をかけて持ち物を減らしていくのと並行して、自分の好きなこと、やりたいこともどんどん明確に。いつの間にか、自分に自信が持てるように変わりました。

わたしは今、毎日同じワンピースで保育園の送り迎えをしていますが、恥ずかしいと思うことはありません。人からどう思われようが、堂々としていられます。

意識するのは他者評価ではなく、自分自身がどうしたいか、どうありたいか。「ありのままの自分」もしくは「こうありたいと願う自分」にとって何が必要で何が不要か。「今」または「理想の未来」の自分にふさわしいものか否か。この基準でものを選ぶのが、自分軸で判断するということです。

最初、慣れないうちは判断基準が頼りないかもしれません。でも、ものを手放していくうちに「自分にとって本当に必要なもの」を見極める目も育っていきます。

わたしの「もの選び」基準

わたしが今大切にしているのはなんといっても、「自分時間」です。そのため「時間を生み出してくれるものにはお金をかける」と決めています。その代表が時短家電。わが家にはものが少ないですが、最新の時短家電は多く揃っています。今は、たくさんの服や鞄やアクセサリーにお金をかけるよりも、自分にとって大切な時間を捻出してくれる家電にお金をかけたいのです。

また、子どもにとって大切だと思うものにも、お金をかけています。その代表が本と英語です。わたし自身読書が好きで、自分の頭では考えの及ばない問題を解決する手段としています。子ども達にも本でそうした経験ができることを知ってほしいので、絵本や図鑑は多くの数を揃えています。英語も、子どもの可能性を広げる1つの選択肢だと思い、娘が生後5か月のころにＤＷＥ（ディズニー英語システム）という教材を購入して今も活用しています。

インスタグラムでプレイルームの写真を投稿すると「ものが多くなるのにDWEは使っているんですね」というコメントが寄せられることがありますが、わたしは何もかもを少なくすべきだと思っているわけではありません。わたしが実践しているのはあくまで「必要なもの・大切なものを自分にとって管理できる最低量にまで絞る」こと。子どもの教材は、今のわたしにとって大切なものなのです。

別の見方をすれば、余計なものを手放した結果、スペースや時間、心に余裕ができ、「子どもにとって大切なもの」についてもじっくり考えて、納得のいく選択ができている、とも言えます。

皆さんが今大切にしていることは、何でしょうか？

それは、人によって違いますし、その人の年代やライフステージで変化するものだと思います。わたしも、今は子どもの比重が大きいけれど、子どもが成長したら当然関心事も移り変わるはずです。

ものを減らすことは、それ自体が目的ではありません。そのときどきで「一番大切にしたいこと」に時間やエネルギーを注ぐための手段なのです。

部屋別　わが家にあるもの・ないもの

ここで、わが家の各部屋をご紹介しながら、わが家にあるもの・ないもの（手放した経緯）をお伝えしていきましょう。これを参考にして、ぜひ皆さんのご自宅でも手放せるものはないか、持ちすぎているものはないか、より具体的に検証してみてください。読み進めながら、本当に必要なものと、そうでないものをふるいにかけていってください。

なお、ものの適量はそれぞれのご家庭のライフスタイル、趣味嗜好によって異なるのが当然です。わが家は一例として、それぞれのご家庭でのベストな物量を探ってみてください。

玄関

玄関はその家の顔とも言われる場所。わたしは風水には明るくありませんが、玄関がスッキリしていると、帰宅したときや家を出るときに気分がいいので、ものの管理と掃除に力を入れている場所です。

わが家はマンション住まいなので、戸建てほど玄関は広くありません。でも小さい子どもがいると、ベビーカーや子どもの外遊びの道具など、玄関に置きたいものは増えがち。汚れやすい場所でもあるので、玄関のたたきは常に何も出ていない状態にして、すぐに掃除ができるようにしています。

手放してよかったもの／なくていいもの

☑ 使用頻度が低い靴

玄関の収納棚にある靴は、家族4人全員が週1回以上履く靴のみ。わたしの靴はスニーカー1足。子どもが生まれる前まではよく履いていたヒール靴は、履く機会がなくなったので手放し、通年スニーカーで過ごしています。

夫の靴は通勤用の靴1足、スニーカー2足、サンダル1足の計4足。以前より出社の回数が少なくなったので、通勤靴を1足にまで減らしました。子ども達の靴は運動靴と、長靴を1足ずつ。すぐに足のサイズが大きくなるので、履けなくなった靴は早々に手放し、「ワンイン・ワンアウト」（後述）を徹底しています。

必要な靴は住んでいる地域やライフスタイルによって変わってくると思います。わが家は都内在住で、わたしは毎日出勤しない在宅ワーカーなので、基本の靴はスニーカー1足で事足ります。防水加工のため多少の雨ははじき、雨に濡れても乾かせばよいこと。慶事などできちんとした靴が必要な場合はレンタルすることもできます。

こうしたイレギュラーなことは年に一度あるかないか。たまにしか使わない靴に管理の手間やスペースを取られるより、必要なときに工夫すればいい、と考えています。

手放してよかったもの／なくていいもの

☑ 玄関マット

玄関マットは、外から入る汚れを受け止める防護壁のような役割で敷かれるもの。

夫婦2人暮らし時代は「そういうものかな」という意識で敷いていましたが、ただ放置されていて清潔とは程遠い状態でした。
そもそも、玄関のたたきをこまめに掃除できていれば、土埃も舞いにくい。玄関マットを頻繁に洗うよりも、マットをなくしてしまって、たたきや廊下を清潔に保つほうが合理的だし何より気持ちがいい。そんな考えで、あるときからマットを手放しました。マットがないと、廊下から玄関のたたきまで、拭き掃除も一続きででき、見た目にもスッキリします。

ミニマリストの愛用品

スニーカー
ミズノ　MLC-00 SLIP-ON WP（商品番号：D1GF232901）　紐がないスリッポンタイプのスニーカー。紐がなくてもしっかり足にフィットし、長時間履いていても疲れにくい。細身の見た目も好みで、（わたしはワンピースだけですが）どんな服でも合わせやすいと思います。

傘
Wpc. IZA Type：Compact（商品番号：ZA003）　晴雨兼用なので、どんな天気でもこれ1本でＯＫ。完全遮光傘は重いものが多いのですが、こちらは２２０グラムと軽くてコンパクト（以前、完全遮光ではないけれど１００グラム台の軽量な傘を試したところ、真夏の日差しのもとでは傘の下がかなり高温に。完全遮光は必須条件だとわかりました）。雨の日に子どもを抱っこしながらさしていても、子どももわたしもどちらも濡れない大きさです。

☑ 人数分以上の傘

傘は1人1本と決めて家族の人数分以上は持っていません。

以前はビニール傘を3本も4本も常備していました。天気予報を確認せずに出かけ、出先で雨に降られて慌ててコンビニで買う、ということをくり返していたので、お金も保管スペースももったいなかったなと感じています。

これを防ぐために大人は晴雨兼用の折りたたみ傘を持つように。軽量のものを選び、毎日持ち歩くようにしたら、雨に降られても買う必要がなくなりました。子どもには幼児用のジャンプ傘を1本ずつ用意しています。

キッチン

わが家のキッチンの特徴は、なんといっても備え付けの収納にすべての調理器具や食器類を収めていること。調理台の上にあるのはペーパータオルのみです。

キッチンを見た人は、「家で料理しないの?」と思うかもしれませんが、むしろ外食はごくたまにのみで、このキッチンでつくった料理を朝晩、家族4人で食べる毎日です。

まな板を置くスペースを確保するのもやっと、という調理台だったら毎日キッチンに立つのが億劫になってしまいますし、作業効率も落ちます。何もないと、掃除だけでなく調理もしやすく、広々と作業できます。

☑ ふきん

手放してよかったもの/なくていいもの

昔は、毎晩その日に使ったふきんや食器拭きタオルを洗浄・消毒していました。このひと手間が、子どもが生まれてからは面倒に。

目に見えない汚れももちろんあるでしょうし、何度もくり返し使い続けることに衛生面の心配もありました。

こういったストレスを手放そうと、数年前にペーパータオルを導入。以来、台拭き、手拭きにはペーパータオルを使用。使い捨てなので、毎晩の洗浄・消毒の手間と時間がなくなったのはもちろん、衛生面でも安心できるようになりました。今ではキッチンだけでなく、洗面所、トイレでもペーパータオルを使っています。

手放してよかったもの／なくていいもの

☑ 食器棚・必要以上のお皿

食器もカトラリーの数も限られているので、食器棚を持つ必要はなく、すべてシステムキッチンの収納スペース内に収まっています。食器棚のように大きくて用途が限られる収納家具を増やすと、本当はその半分以下で収まる食器の量しか必要ないのに、スペースがあるからとどんどん食器やグラスの数が増えていく、ということが起こります。収納スペースが増えると、不思議と「ものを増やしていい」と思ってしまいがちです。

わが家にある食器の数は、お茶碗４つ、汁椀４つ、取り分け皿４枚、大皿１枚。

カトラリーも、スプーン大4本（使用頻度の低いフォークは持っていません）、はし4膳、子ども用のスプーンとフォークが2本ずつのみ。おかずは大皿から各自取り分けるスタイルで、副菜も取り皿に盛り付けてしまうのでこれで十分。来客があるときは使い捨ての皿を用意しています。

☑ 手放してよかったもの／なくていいもの

必要以上の鍋や調理器具

わが家にある鍋類は、全部で5個。圧力鍋、深めのフライパン、浅めのフライパン、直径18センチの鍋、卵焼き用のフライパンです。ミニマリストにしては多めだと思われるかもしれませんが、わが家ではどれも使用頻度が高いもの。圧力鍋では毎週末、一度に5日分の汁物をつくっています。深めのフライパンも主菜をまとめ

ミニマリストの愛用品

ペーパータオルケース

山崎実業　蓋付きペーパータオルケース タワー　キッチン、洗面所、トイレで同じものを愛用中。中身が減ると蓋の高さが低くなるので残量もわかりやすく、ペーパーの交換もしやすいです。

て2日分つくるときに使用。いずれも鍋ごと冷蔵庫に入れて保管するので、保存容器の役割も担っています。これらの鍋が使えないときに残りの鍋を使うので、この量と種類が必要なのです。

わが家ではこれらの鍋を重ねずにしまえているので、取り出すのも片付けるのもラク。こうしたちょっとした不便を解消するだけでも、料理に取りかかるストレスが小さくなります。

☑

手放してよかったもの／なくていいもの
お菓子づくりの道具

わたしの実家では、母がたまにお菓子をつくっていたので、吊り戸棚の一区画いっぱいにお菓子の型や道具が入っていました。

わたしは特にお菓子づくりが趣味ではない（し、そもそもうまくない）ため、お菓子をつくる機会は年に2、3回程度。子どもと一緒に簡単なケーキをつくりますが、そのときは100円ショップで使い捨ての紙型を買うか、型などがすべて揃って販売している手づくりキットを活用します。今は何でも100円ショップで揃うので、滅多に使わない道具を保管しておくのであれば、必要なときに使い捨てのものを買うほうがスペースも活用できます。

手放してよかったもの／なくていいもの

☑キッチンマット

以前は、キッチンの床に布のマットを敷いていました。水しぶきや油はねを受け止めてくれるマットは便利な存在ですが、こまめに洗わないと汚れがたまっていくばかり。大きなマットを「洗わなきゃ」と思い続けるのも負担です。

現在は、リビングダイニングの床からの延長で、吸着床シートを貼り付けていま

ミニマリストの愛用品

吸着床シート

東リ　LAYフローリング ピタフィー（商品番号：LPF521）　下の子が1歳を過ぎて転ぶ回数が減り、ジョイントマットをなくしても問題なくなった時期に導入。シートのつなぎ目の隙間がかなり小さく、ゴミや液体（子どもの飲みこぼしなど）も床まで染みることがなくて大助かり。フローリングに直接傷がつくことはないので、子どもが積み木を投げたりしても、おおらかな気持ちで対応できます。

す。キッチンマットは敷かず、調理や洗い物のときに汚れてしまったら、その都度床をキッチン用掃除シートで拭いています。マットを敷いて汚れを放置するよりも、掃除しやすい状態にしておくほうが気持ちがいいと思います。

☑ 三角コーナー・水切りかご・洗いおけ

手放してよかったもの／なくていいもの

これらもすべて、子どもが生まれる前まではあったのですが、上の子が生まれる少し前に、夫を説得して手放しました。

三角コーナーなどは、習慣的に使っているだけで実はなくても済むもの。きれいに保ちたいけれど汚れやすく、そのもの自体も定期的に洗ったり消毒したりと、管理も実は大変です。

そして何より、これらがあることで自然と家事を先延ばしにしてしまうのです。三角コーナーがあることで生ゴミ処理を、洗いおけがあることで皿洗いを、水切りかごがあることで皿を拭いて片付けることを、それぞれ先延ばしにしているとも言えます。

水切りかごと洗いおけは、乾燥機付き食洗機の導入で不要になりました。わが家はディスポーザーがあるので、生ゴミ入れも不要。もしディスポーザーがなかったら、料理で出た生ゴミをビニール袋にまとめたものを冷凍して翌日に捨てる（マンションのゴミ置き場に）ということをしていたと思います。

以上3つのアイテムを手放すと、シンク周りの見た目がスッキリ。キッチンの清潔も保ちやすくなります。

リビングダイニング

リビングダイニングは家族が集う場所。一般的には、ラグが敷かれていて、ソファやローテーブルがあって、壁際にはテレビとテレビ台が置かれているご家庭が多いかと思います。わが家にはそれらが一切ありません。だからこそ、わが家のリビングダイニングは多目的に使えています。子どもが追いかけっこしたり、わたしが筋トレをしたり。ダイニングテーブルは、そのまま仕事机にもなっています。大型家具がないから広々使えて、思いついたことがなんでもできるのです。

手放してよかったもの／なくていいもの

☑ テレビ・テレビ台

結婚してすぐ、新築で購入したマンションはたまたまモデルルームに使われていた部屋で、いくつかの家具が付いてきました。テレビとテレビ台も入居時からあったもの。わたしはテレビをまったく観ていなかったので、どちらともすぐに手放したいと思っていましたが、夫は「観ていないけれど、あってもいいじゃないか」という感じでした。

そこで何かいい案がないかと調べていくうちに見つかったのが、「ポップインアラジン2」です。天井の照明を兼ねたスピーカー付きのプロジェクターで、場所を取らずに大画面でテレビや動画を楽しむことができます。以前から大画面で映画を観たがっていた夫と、テレビとテレビ台を手放したかったわたしの、両方の願いが叶った形です。

手放してよかったもの／なくていいもの

☑ ソファ・ローテーブル

ソファは子どもが生まれる前には普通に使っていたので、くつろぐためには手放さないほうがいいかなと思っていましたが、上の子が生まれる前に思い切って手放しました。結果、今ではなくなってよかったと思っています。床で子どもとのびのび過ごせていますし、子どもを注意しなくて済むからです。もしソファがあったら、子どもが上で飛び跳ねたり、何かこぼしたりしないかと目を光らせる必要があった

ミニマリストの愛用品

プロジェクター

Aladdin X　ポップインアラジン2　シーリング一体型のプロジェクター。天井に設置して、白壁やスクリーンに映像を投影できます。これ1台あれば、〈Amazonプライム〉や〈Netflix〉等の配信動画のほか、テレビを映すこともできます。わが家では子どもが生まれる前に導入して、よく映画やドラマを大画面で楽しんでいました。今では、絵本の読み聞かせ動画を流したり、等身大の動物図鑑を見たりしています。家族写真を映し出してみんなで一緒に楽しむこともできます。

ろうと思います。

ローテーブルもソファと一緒に手放しました。家にあったローテーブルは天面がガラスで角も尖っていたため、子どものいる暮らしでは危ないものでした。そうでなくても、ソファとローテーブルの所ですることは、今残してあるダイニングテーブルでもできることでした。長時間作業をするときはダイニングテーブルのほうが疲れにくく集中もできます。

☑ ラグ

手放してよかったもの／なくていいもの

家中を這いずり回る子どもとの暮らしでは、床は清潔を保ちたい場所。リビングにラグを敷いていると掃除をするのも大変で、大きいと洗濯するのも手間。清潔を保つのが難しいので、思い切って手放しました。

赤ちゃんとの暮らしでは、掃除がしにくいラグよりジョイントマットを使うのが合理的です。マットであればクッション性もありながら拭き取り掃除ができ、清潔に保つことができます。

手放してよかったもの／なくていいもの

☑スマートスピーカー

家中の家電と連携させて、声で操作ができるスマートスピーカー。ご家庭によっては便利だと思いますが、わが家では少し前に手放しました。以前はスマホと連携して音楽を流したり、ロボット掃除機を声で起動したりと活躍していました。ただ、動画を撮ると音楽が中断してしまうのがネックで、次第に音楽はプロジェクターから流すように。ロボット掃除機もスマホのアプリからでも手間なく起動でき、音声での起動に頼ることが少なくなってきたために手放しました。

手放してよかったもの／なくていいもの

☑多すぎるゴミ箱

わが家にあるゴミ箱はキッチンに置いてある1つだけ。リビングダイニングや洗面所、寝室にゴミ箱はありません。洗面所で手を洗ったときに出たペーパータオルのゴミは、その都度キッチンに捨てにいきます。他の部屋で出たゴミも同様にキッチンまで捨てにいきます。

ゴミ箱が1つであれば家の各所をまわってゴミを回収する手間が減ります。ゴミが出たらその都度ゴミを1か所にまとめることで、ゴミ回収の家事を家族で分担しているとも言えます。ゴミ袋の入れ替えも1回で済みますし、ゴミ箱の大きさに合わせて多種のゴミ袋を用意することも不要になります。

缶やびん、ペットボトルなどの資源ゴミは、出たら玄関に。次に出かけるときにそれらを持って出て、マンション共用のゴミ置き場にその都度捨てています。こうすることで、ゴミ箱にゴミをためることがなくなります。

洗面所・お風呂

洗面所は、家族全員が朝の身支度をしたり手洗いをしたり、お風呂前後の着替えをしたり、わたしが洗濯物の片付けをするなど、使う人と役割が多い場所です。どうしてもものが増え、管理が煩雑になってしまいがちな場所でもあります。
使う人と役割が多い場所だからこそ、動線を意識して、収納の定位置をはっきり決めています。

手放してよかったもの／なくていいもの

☑ 手拭きタオル

洗面所には備え付けのタオルバーがありますが、タオルはかかっていません。キッチンと同様、ここでもペーパータオルを使用。コロナ禍で手洗いの機会が増えたとき、タオルを使うよりペーパータオルを使い捨てするほうが清潔だと思ったのがきっかけです。手を拭いたペーパータオルはすぐに捨てず、洗面台や洗面金具を拭いてから捨てています。

手放してよかったもの／なくていいもの

☑ バスタオル・多すぎるタオル

わが家にはバスタオルがありません。あるのはフェイスタオルのみ。バスタオルほど大きくなくても、フェイスタオルで十分体を拭くことができるからです。無駄に大きくないので、早く乾く点でも時短につながります。

タオルの枚数も、全部で6枚（フェイスタオル4枚、ヘアドライタオル2枚）。1日1回の洗濯・乾燥でリセットできるので、家族の人数分があれば十分。

タオルは買い替えどきが難しいので、半年に1回のタイミングで全部交換すると決めています。

手放してよかったもの／なくていいもの

☑ バスマット

浴室から出て体をタオルで拭くときに足元の水を受け止めるバスマット。わが家は浴室内で体を拭くのでマットが不要です。浴室の扉に付いているバーにタオルを引っ掛けておき、上がるタイミングでそのタオルを取って、浴室内で髪と体を拭き上げてしまいます。娘とわたしはヘアドライタオルを頭に巻いて、そのまま体を拭いたほうのタオルを床に敷いて上がれば、専用のマットは不要となります。

ミニマリストの愛用品

ドライヤー

ダイソン　Dyson Supersonic　ヘアドライヤー　以前使っていた大手メーカーのものと比較して、髪を乾かす時間が3割ほど短くなりました。お風呂上がりは、子ども2人とわたしの3人分、素早く髪を乾かしたいので少しでも時短になる点が助かっています。また、乾かす過程で髪が高温にならないしくみなので、髪が傷みにくい点も気に入っています。

ドライタオル

SOU TOWEL SHOP　ヘアドライタオル　お風呂上がりに、濡れた髪を包んで頭に巻くドライタオル。マイクロファイバーが水分をしっかり吸ってくれるため、ドライヤーをかける時間が短縮。わたしと娘で愛用中。

全身シャンプー

クラシエホームプロダクツ　マー&ミー　Latteリンスインシャンプー　大人と子どもが共用でき、洗髪だけでなく、ボディソープとしても使える全身シャンプー。わが家では大人のボディソープ兼子どもの全身シャンプーとして使用。1本で多用途なのでお風呂場がスッキリします。

手放してよかったもの／なくていいもの

☑ お風呂イス・湯おけ

浴室用のイスと湯おけは、「掃除がしやすいように」と、なるべく形状がシンプルなものを選んでいました。でも、イスの裏側や脚の部分はどうしても汚れがたまりやすく、次第に掃除が面倒に。そこで、試しに撤去してみました。すると、イスに座らずにしゃがんで体を洗えばよく、そもそも子ども達はイスを使っていない。湯おけに至っては、体に湯をかけたいときは決まってシャワーを使っていて、まったく使っていないことに気づきました。こうやって、一度ない状態を経験してみることは、自分にとっての要不要が明確になるのでおすすめです。

手放してよかったもの／なくていいもの

☑ 浴室内の棚

浴室内には備え付けの棚があることが多いですが、棚にシャンプーやソープ類のボトルを直置きすると、ボトルの底がぬるぬるしたり、棚の上に石鹸かすが付いたりと掃除が大変。わが家では、棚を取り払い、大人のシャンプーや大人と子ども共用の全身ソープは、浴室内のタオルバーにのせるスタイルに。掃除用具もすべて浮かせて、水切れをよくしています。

手放してよかったもの／なくていいもの

アイロン・アイロン台

夫婦2人暮らし時代は持っていたアイロンとアイロン台。ハンカチやシャツのシワが気になるときに使っていました。でも、徐々にハンカチをシワになりにくいものに買い替えたり、夫のワイシャツを乾燥機までかけても大丈夫なものに買い替えたりしている過程で、アイロンも台も不要に。アイロンがけはけっこうな時間をとられる家事の1つです。とりわけこの作業が好きではなかったわたしは、衣類を買い替えていくことを選びました。

トイレ

トイレにポスターを貼ったり本を置いたりするご家庭もあるかと思いますが、わが家は完全に用を足す場所としているので、装飾をしていません。マンション住まいのわが家のトイレはそう広くなく、ものが多いと圧迫感があります。これを和らげるために、ものを置かない以上に備え付けのタオルバーやウォシュレットのリモコンを外すなどして、少しでも広く感じられるように工夫しています。また、装飾がないことで掃除もしやすく、清潔を保ちやすくもあります。

☑ ナプキンストック

手放してよかったもの／なくていいもの

つい最近までは、常に2か月分の生理用ナプキンをストックとしてトイレの収納棚に入れていました。吸水ショーツに出合ってからは、このストックをなくすことができました。吸水ショーツを導入することでナプキンのストックを完全になくすことができるかどうかは、生理中の経血の量など個人差があると思います。それでも、必要なナプキンの量は減らすことができ、ストックも少なくて済むはずです。吸水ショーツについては「クローゼット」の項目で紹介しています。

手放してよかったもの／なくていいもの
☑ トイレマット・便座カバー

トイレマットや便座カバーは、トイレ本体や床の掃除をラクにするために使うものですが、清潔を保つためには定期的な洗濯が必須。便座カバーは特に取り付けや取り外しも大変なので、つい交換するのが面倒になってしまいがち。交換頻度が低くなってしまうと、やっぱり気持ちが悪いものです。だったら、はじめからなくしてしまって、トイレ本体や床をこまめに掃除したほうが本当に清潔な状態が保てると思います。

クローゼット

わが家で一番稼働していないスペースが、2つの個室にあるクローゼットです。家族の部屋着と下着、わたしの服はすべて洗面所の収納スペースにしまっているので、クローゼットにあるのは夫の衣類（スーツや上着）と季節の服飾アイテム（水着やマフラーなど）ぐらい。

これだけ服が少ないと、「少なくて困ることはありませんか?」「子どもに汚されたときはどうするの?」「洗濯機が壊れたら?」「旅行のときは?」など、たくさんの質問をいただきます。皆さん、とても信じられないといった反応です。

子どもと公園に行ってワンピースが汚れたら、帰って部屋着に着替えます。家で子どもとごはんを食べているときに汚されても、すぐにウエットティッシュで拭けば問題ありませんし、ひどく汚れたら部屋着に着替えて洗えばいい。

洗濯機が壊れたときは（実際に経験しました）、夫の服を借りて近所のコインランドリーを利用しました。

旅行も、最初から洗濯乾燥機のあるホテルを選ぶようにしています。家と同じように毎晩洗濯乾燥機をかければ、翌日も同じ服を着られます。

わが家は都内のマンション住まいで冬に寒すぎることもないため、気候的にも服や小物は今の数で困りません。通勤がなく、家で仕事をしていることで少なくて済むという面もあります。服や小物の数は、住んでいる地域やライフスタイルによっても当然変わってくると思いますが、少ないほど管理がラクになり時間が節約できるのは確かです。

次に、わたしが所有している服の全リストをご紹介します。

わたしの服・小物

ワンピース1枚

ワンピースは春夏で1枚、秋冬で1枚を用意しています。春のはじまりに春夏用の1着を買って着倒す→手放す、秋のはじまりに秋冬用の1着を買って着倒す→手放す、を毎年くり返しています。

ワンピースは身長がそこまで高くないわたしでもバランスよく着られ、もともと好きな服のタイプ。上下のコーディネートを考えなくてもそれ1つで服が決まるので時短にもなります。中でもボタンダウンのワンピースはカジュアルな中にきちんと感もあり、いろいろなシーンで汎用性高く着られるのもいいところ。そんな理由で、ワンピース1着に落ち着きました。

わたしの服・小物

☑ 薄手ジャケット1枚

春や秋にワンピースだけでは寒いときや、夏場にエアコンの効いた室内や電車内で羽織るために、薄手の上着を用意しています。わたしは在宅ワーカーで、かしこまったジャケットが必要な機会は日常にないため、カジュアルなタイプを選びました。冬は防寒のためにダウンの上から重ねて着るなど、ヘビーユースしています。

わたしの服・小物

ダウンコート1枚

冬のアウターはダウンコート1枚。わが家は都内在住なのでワンピースの上にダウンを着れば、ひと冬過ごせます。わたしの実家は関東より寒く雪が積もる地域で

ミニマリストの愛用品

ワンピース

【2022年春夏】GU　カラーシャツワンピース（商品番号：340365）
【2022年秋冬】ユニクロ　ロングシャツワンピース（長袖）（商品番号：450309）
【2023年春夏】GU　Aラインシャツワンピース（商品番号：346472）
【2023年秋冬】ソージュ　ソフトオックスシャツワンピース

だいたいいつも、〈ユニクロ〉や〈GU〉などをチェックして比較検討して当たりをつけ、店頭で試着。腕を上げ下げしたり、足捌きを確認したり、動きやすさを入念にチェック。わたしの体形に合うサイズはXSかSですが、服によって少しずつつくりが異なるので、試着は欠かせません。保育園のお迎えなど近所に出かける際は手ぶらで行きたいので、ポケットがついていることも必須条件。

薄手ジャケット

THE NORTH FACE ベンチャージャケット Kブラック（商品番号：NPW12006）　シンプルなつくりで、普段着にもなじみそうな点が気に入って購入。とにかく軽くて丈夫、防水なので雨具代わりにもなります。小さく折りたためてコンパクトになるので、持ち運ぶにもかさばりません。

すが、冬場帰省する際はカイロを貼っていくか、ダウンの上にジャケットを重ね着しています。

ダウンコートはとにかく軽くて暖かく、子どもと動き回るのに最適なアウター。冬場毎日着て週に1回は洗濯（外遊びで汚れやすい）していると、シーズンが終わるころには傷んだり取れない汚れが残ったりするので、暖かくなるころには手放して、毎年冬がくる前に新調しています。

わたしの服・小物

☑ 下着（上2枚、下3枚）

下着は、上はナイトブラを2枚、下は吸水ショーツを3枚持っています。ナイトブラは、名前の通り本来は胸の形をキープするために、夜寝ているときに着けるものですが、締め付けがなくて着け心地がラクなので、わたしは1日中これで過ごしています。

吸水ショーツも、本来は生理期間中にはくものですが、はき心地がいいので普段から身に着けることにして、普通のショーツを手放しました。常に吸水ショーツだと、いつ生理がくるかとハラハラすることもなくなりました。わたしは経血量が多い日でも吸水ショーツだけでモレなく過ごせるので、ストックが多くなりがちなナプキンも手放すことができました。

少し前からよく見かけるようになった吸水ショーツですが、気になりつつも試してみるまでに時間がかかりました。いざ使ってみると、ナプキンを何度も替えるストレスやかゆみや蒸れからも解放され、「もっと早く使えばよかった」と後悔するほどの快適さでした。

ミニマリストの愛用品

ダウンコート

ユニクロ　ウルトラライトダウン（商品番号：460914）　ほぼ毎年、その年の新作を愛用。毎年少しずつ改良されています。いつも選ぶのは黒のSサイズ。適度な厚さで着ぶくれしない点も気に入っています。

吸水ショーツ

&mooned　吸水サニタリーショーツ　生理のときはもちろん、はき心地がよいので普段使いしているショーツ。吸水ショーツはいくつかの種類を試してみましたが、こちらが一番安心感があり、それ以来愛用しています。

わたしの服・小物

☑ 靴下2足

冷え性なので、1年中靴下をはいています。夏場は足が蒸れない5本指ソックス。冬は、外出時は厚手タイツを着用し、家では1枚でもしっかり暖かい吸湿発熱素材の靴下をはいています。いずれも色はワンピースに合わせて黒。常時2足ずつ、シーズンごとに買い替えます。

わたしの服・小物

☑ 帽子1つ

暑さと紫外線から髪と肌を守るために、外に出るときは1年中帽子をかぶっています。以前、帽子なしで夏を越したことがあったのですが、日焼け止めを何度塗り直しても日焼けし、髪の毛もパサパサになってしまいました。子どもと一緒だと、常に日傘をさすわけにもいかないので、帽子は必需品です。

わたしの服・小物

☑ リュック1個（夫と共用）

わたし専用のバッグは0個。普段はできるだけ手ぶらで、休日に子どもと出かけるときなど荷物がある日は、夫と共有のリュックを使っています。

今使っているのは、わたしが9年前にバックパッカーをしていたころから愛用しているもの。丈夫な素材のため、お出かけや公園、旅行にと酷使しても傷み知らず。

ミニマリストの愛用品

帽子
帽子のコンンヌ　UVカット帽子（商品番号：181110）　遮光遮熱の生地で、サイドがメッシュになっているので長時間かぶっていても蒸れにくい。コンパクトに折りたためるので携帯もしやすい。

リュック
ソロツーリスト　スイッチパック45-2付属のリュック（廃番）　独身時代から長く愛用しているリュック。何度も洗濯機で丸洗いして乾燥機までかけているけど傷まない丈夫さ。

サイズは約10リットルほどと、一般的なマザーズバッグより二回りほど小さいので、中のものをすぐに取り出すことができます（大きすぎると、あれもこれもと不要なものまで入れてしまうので取り出しにくく、荷物も重くなりがち）。背中側にジッパーなしポケットが付いているのも子連れにはありがたく、病院で子どもを抱っこしている状態でも、片手でサッと診察券や母子手帳を取り出せます。

わたしの服・小物

☑ 部屋着（パジャマ兼運動着）4組（夫と共用）

パジャマと部屋着は夫と共用していて、上下4組ずつ（1人当たり2組ずつ）持っています。夏はTシャツとハーフパンツ、冬はスウェットの上下で、スポーツ用のものを夫はジャストサイズ、わたしはオーバーサイズで着ています。パジャマも部屋着も特にこだわりがないので、結婚以来ずっとこのスタイル。

わたしは毎朝筋トレを30分やっているのですが、そのときも同じ格好。スポーツウェアは吸汗・速乾性があるので、運動時はもちろんパジャマにも向いています。

夫婦で衣類を共有できると、洗い替えやストックも最低限の数で済みます。毎日順繰りに着て、半年に1回、季節が変わるタイミングで買い替えています。

寝室

わが家は3LDKの間取りで、寝室として使える6畳程度の個室が2つあります。2人の子ども達を一緒の部屋に寝かせると、遊んでしまってなかなか寝つけません。さらに下の子には夜泣きがあるため、子どもの寝室は別々に。1つの個室を夫と娘の寝室に、もう1つをわたしと息子の寝室にしています。

1つの個室に夫の仕事机とイスがあるぐらいで、寝室には寝具以外ものがほとんどありません。寝室はあくまで「寝るだけの部屋」。

子ども達は生まれたときからこの状態なので、寝室に移動すると「寝るものだ」と気持ちを切り替えられるようで、入眠もスムーズ。子どもの生活習慣の定着にも貢献してくれていると思います。

寝室はどうしても埃が出やすい場所。小さい子どもはハウスダストなども心配ですが、ものが少なければ寝具も管理しやすく、清潔な状態を保ちやすく安心です。

☐ ベッドサイドテーブル

手放してよかったもの／なくていいもの

ベッドサイドテーブルは、寝室で読書する場合はあったほうがいいかもしれませんが、わたしは寝室で読書はせず（本はダイニングテーブルで読む）、寝室には眠る時間になってから移動しています。布団周りはものを最低限にしたほうが、掃除もしやすいです。

☐ 本棚やタンスなどの大型家具（置かないほうがいいもの）

手放してよかったもの／なくていいもの

寝室に本棚やタンスなど大きい家具が置かれていると、地震や災害が起きたときに致命的です。これらは置かないほうがいい。なるべく動きやすく、動線をふさがないように、家具は最低限にしておくのがベター。やむを得ず置く場合も転倒防止の器具を取り付けつつ、低いものに限定するべきでしょう。

手放してよかったもの／なくていいもの

☑ 大人用寝具の替え

シーツや布団カバーといった寝具は、子ども用は予備が1組ありますが、大人用は予備を持っていません。

寝具の洗濯は週に2回。一度に4人分の寝具を洗うのは負担なので、夫と娘分で1回、わたしと息子分で1回と2日に分けて行っています。朝に洗濯・乾燥までして、乾燥が終わった昼過ぎには元に戻すので替えは不要。子どもの寝具は夜中に汚したときのために予備が必要ですが、大人の分は洗濯乾燥機があれば1組のみで問題ありません。

☑ 来客用の布団

来客用の布団も持っていません。娘が生まれたばかりのころ、母が来てくれたことがありましたが、そのときは子どもも1人で赤ちゃんだったので、夫の寝具を母に使ってもらい、わたしと夫、赤ちゃんで1つの寝具を使うことでなんとかなりました。4人家族になってからはコロナ禍もあって、わが家に人が泊まりにきたことはありません。もし今後必要になったら布団のレンタルサービスを利用しようと思っています。滅多に泊まりにくる人がいないのに布団があっても、保管するスペースや管理する手間（定期的に天日干しするなど手入れしないとカビなどが心配）がかかるだけ。レンタルは割高ではありますが、所有することで生じる保管場所や管理の労力を考えたら、わたしはレンタル派です。

※寝室での愛用品については、第3章もご参照ください。子どもはもちろん、大人の睡眠の質の向上にも役立つアイテムばかりです。

ベランダ

黄砂や花粉が気になるようになり、あるときから外干しはやめました。寝具などの大物は、基本は洗濯・乾燥までして、それでも乾き切らない場合は浴室の乾燥機能を使って乾かすようにしています。

手放してよかったもの／なくていいもの

□物干しざお・洗濯バサミ・小物干し

ベランダで洗濯物を干さないので、物干しざおは外してしまいました。邪魔するものがないと、窓からの眺望も広々として、気分がいいものです。

以前は一部の衣類を部屋干ししていたので、小物干しや洗濯バサミを使っていました。これらも洗濯乾燥機のおかげで不要に。

物干しや洗濯用ハンガー、洗濯バサミは意外と収納スペースを取るもの。これらがなくなると、洗濯機周りの空間がスッキリしました。

ステップ
2

定位置を決める

ものを減らした後に行うのが、残ったものの定位置を決めるというステップです。ものが少ないのに散らかっているとしたら、それは「ものの居場所」が定まっていないせい。あるいは決めた「ものの居場所」が間違っているせい。ここからは、「片付かない部屋」にリバウンドしない定位置の決め方をお話ししていきます。ものの収納場所をすべて定めることが、ステップ2のゴールです。

ものを減らせば収納用品はいらない

極論を言えば、ものが少なければ収納用品はいりません。使う場所にそのものを置いておけばいいわけです。

その昔、結婚する前に夫が住んでいた1Kの部屋を訪れたとき、何より驚いたのが収納用品の多さでした。狭い空間に大きいハンガーラックやメタルラックがあったり、ベッド下が大きな引き出しになっていたり……。収納スペースからものがあふれたらまた収納用品を買い足す、ということをくり返していたわけです。

ステップ1でものを減らすことができ、空になったカラーボックスや衣装ケースなどが出てきたら、こういったものも手放してしまうことです。大きな収納用品はそれだけで場所を取りますし、簡単に動かせないので掃除も大変。なんとなく置いたままにしておくと、「まだ収納できる」という意識から、また容量いっぱいまでものを増やしてしまうことにつながってしまいます。

ファイルボックスや仕切りなど収納用小物も同様。ものが少なければ備え付けの収納棚などにそのまま置くだけでよく、物量に対して狭いスペースを有効活用するための仕切り等は必要なくなります。

ものが少なければ、収納方法のことまで考えなくていい。収納に工夫を凝らす前にやっぱりものを減らすことが先、なのです。

収納用品はこれ一択

収納用品は極力増やさないとしても、やはり最低限ものを収納する必要がある場合、これから挙げる5つの条件を満たすものを選んでほしいと思います。

1 形が四角い…床（置く場所）に対して垂直に立ち上がる四角いものを。台形や丸みのあるものは、デッドスペースが生まれて空間がもったいないのと、中に入れるものが斜めになり収納しにくいためです。

2 サイズが合っている…空間を有効活用するためにも、なるべくサイズがぴったり合うのが理想。収納用品は、置く場所より1ミリでも大きければ入らず無駄になるので、事前の計測は正確に行います。

3 兼用できる…収納用品自体の見た目や形で用途が限定されてしまうと、その用途を終えたら他で活用できません。シンプルなものであれば、汎用性が高いので長く使うことができます。

4　買い足せる…100円ショップのものは人気がないと半年もせずに廃番になることも。〈無印良品〉や〈ニトリ〉などの大手メーカーの収納用品は廃番になりにくく、後から買い足して重ね置きすることができます。

5　アクション数が少ない…蓋があるなど、片付けるときのアクション数が多い収納用品は片付けのハードルが上がるので、なるべく避けるべきです。

以上、5つの条件を満たしていて、わが家で活用している収納用品が、〈無印良品〉の「ポリプロピレン収納ケース」です。プレイルームに4つ、夫のクローゼットに1つある衣装ケースはすべてこちら。シンプルな見た目なので、汎用性高く使え、今後も場所や用途を変えて活躍してくれそうです。

ミニマリストの愛用品

収納ケース

無印良品　ポリプロピレン収納ケース・引出式・横ワイド・大（商品番号：47266740）〈無印良品〉の収納ケースはたくさんの種類がありますが、わたしがベストだと思うのがこちら。奥行きがありすぎないワイドタイプは、引き出したときに中身を全部見渡せて出し入れがスムーズ。奥行きのある収納ケースは、昔の押し入れ収納で重宝されたもの。現在主流になっているクローゼット収納には、左右に広いワイドタイプのほうが向いています。特に衣類は、奥のものが取り出しにくくなるので、こちらがおすすめです。

使いやすく、しまいやすい収納とは？

実際にものを減らせたとしても、収納の方法が間違っていると、またすぐに散らかってしまいます。使いやすい収納のコツは、主に3つです。

収納のコツ1

使用頻度別に収納する

1つ目のコツは、ものを使用頻度別に分けてから収納することです。

特にものが多くなりがちなキッチンの調理器具を例にして、考えてみます。

調理器具は、鍋やフライパンは同じ場所に、お玉やヘラも同じ場所に、ボウル類もまとめて……とカテゴリーごとに収納することが多いかと思います。でも、フライパンはほぼ毎日使うけど鍋は冬場のみ、といったように、その使用頻度はまちまち。ほぼ毎日使うものをその都度各所から集めてくるのは手間なので、使用頻度の高いものは1か所にまとめて使いやすい所に置く、というのが効率的です。実際のやり方を説明します。まず、その場所で収納したいものを、毎日使うもの／週1回程度使うもの／月1回程度使うもの／それ以下の頻度で使うもの、に分けます。そして、使用頻度の高いものから、自分が使いやすい場所に収納していきます。たったこれだけです。

これまで菜箸が5膳同じ場所にあった所から、1膳だけを使いやすい一等地に置いて、残りは別の場所に置くわけです。こうすると使いやすい収納が実現するだけでなく、2軍、3軍のものを捨てられる可能性も出てきます。

キッチンの場合は、ガスコンロやシンクに近い引き出しなどが、収納場所の一等地でしょうか。自分が取り出しやすい高さや、見渡しやすい場所に、使用頻度が高いものを入れるのが鉄則。火元や水場に立ったときに振り返らないといけない場所や、天井付きの観音開きの扉内などは、使用頻度の低いものの収納に向いています。

収納のコツ2

アクション数を減らす

2つ目のコツは、アクション数を減らすことです。しまう、または取り出すときの動作数をできるだけ少なくするのが、片付いた家をキープするためには大切です。

一時期流行っていた（そして今もよしとされている）「隠す収納」をご存知でしょうか。たとえば、カラーボックスにぴったりハマるケースを用意して、中に入れるものを見えなくするような収納方法です。隠す収納のメリットは、中のものがごちゃついていても外からは見えないので、見た目がキレイなこと。一方のデメリットが、アクション数が増えることです。隠すためのケースがなければカラーボックスに直接ものを入れるというワンアクションで済むところ、隠す収納では①カラーボックスからケースを引き出す、②ものを入れる、③ケースを戻す、とアクションが3つになってしまいます。

アクション数が多いと、だんだんものを定位置へ戻すのが面倒になってきて、次第に片付けられなくなってしまいます。

わが家の収納では、プレイルームにある本棚が「ワンアクション収納」です。本棚の下段におもちゃを置いているのですが、おもちゃは箱などに入れずただ棚に置くだけに。簡単な収納のおかげで、娘も1歳のころから自分が遊んだおもちゃを片付けてくれています。

収納のコツ3 片付けが苦手な人にはいい場所を譲る

どこに何を収納するかを考えるときに意識したいのが、主に使う人の身長です。最適な収納スペースの高さは、使う人の身長によって異なってくるからです。

備え付けの収納棚には、縦に長いタイプがよくあります。玄関の靴棚、洗面所の収納棚などです。

どのスペースを誰が使うかは、家族の身長を考慮して決めるといいでしょう。わが家は洗面所の収納棚に家族の下着と部屋着を収めていますが、それぞれが使いやすい高さで、上段を大人用のスペース、下段を子ども用のスペースとしています。使う人に適した高さにしておくと、管理しやすく、散らかりにくくなります。

さらに、片付けが苦手だったり、持ち物が多かったりする人（わが家の場合は夫）には、その人にとって一番片付けやすい場所を譲ることです。片付けたい人や、片付けが得意な人は、やや不便な場所でもしっかり定位置を守れるもの。対して片付ける意識が低い人や片付けが苦手な人は、ちょっとでも不便な場所に片付けなきゃいけないとなると、元に戻すというルールを守れなくなるものです。片付けられない人には、わかりやすい場所を割り当てることで自分でできるようにしてもらい、片付け上手の人に負担が集中するのを防ぐことができます。

部屋の役割を考える

一度片付けてもすぐに散らかってしまう原因に、「1つの部屋にたくさんの役割が集中していること」が挙げられます。たとえば、リビング。ダイニングテーブルの上に新聞やチラシが置きっぱなしになっていませんか？　誰かの上着がイスにかかったままになっていませんか？　床には子どものおもちゃがあふれたまま、大人の仕事鞄や子どものランドセルが置かれたままになっていませんか？

本来、リビングは家族が集まって団らんする場所です。だとしたら、リビングに置いていいものは家族が共用しているものだけ、ということになります。上着はクローゼットに、鞄もそれぞれの書斎や部屋に置くべきです。

ここは本来何をする部屋なのか？　または誰の部屋なのか？　ということを考えて各部屋のものを移動してみるだけでも、ものの管理がしやすくなったり、片付けやすくなったりします。

部屋数が少ない場合に、1つの部屋に複数の役割を持たせるケースもあるでしょう。子どもが小さいうちはリビングが勉強部屋や子ども部屋を兼ねることも多いと思います。その場合は、部屋の中でゆるやかにスペースを区切るようにしてものを配置すると、片付けることができます。

ステップ
3

元の場所に戻す

ステップ1でものを減らし、ステップ2で定位置を決めたら、あとはその状態をキープするだけ。いくらものを手放しても、それ以上にものが増えたら、片付けは永遠に終わりません。ステップ3では、片付いた状態をキープするための工夫をお話しします。

「ワンイン・ワンアウト」の法則

家の中のものの総量を維持するために必要な考え方が、「ワンイン・ワンアウト」。1つ買ったら1つ以上手放すことです。欲しいものが出てきたら、まず本当に今の自分にとって必要なのかを考えます。そこで必要となったら、すでに持っているものの中で何を手放すのかを考えます。

このとき、できれば「ワンアウト」ではなく「ツーアウト」以上できるのが理想。なぜなら、家の中のものはかなり意識していないと知らないうちに増えていくものだからです。必要なものを見極めて買い物をしていても、人からもらったり他の家族が買ってきたりして知らず知らずのうちにものは増えがち。2つ以上手放すぐらいがちょうどいいのです。

「1つ買ったら1つ手放すこと」を習慣づければ、家の中のものの総量は変わりません。何か買い物をするときは、手放せるものが1つ以上ないかをセットで考えるようにしましょう。

収納スペースには、常に余白を残す

ある程度片付けが進んでくると、押し入れや収納棚に大きなスペースが生まれてくるはずです。片付ける前までの感覚を引きずったまま、「ここにものが置ける」と思ってしまうかもしれませんが、ぐっと我慢。空いたスペースはそのままに、何も増やさないと心に決め、しばらくその生活を続けるのです。

余白があると、一目でどこに何があるのかが把握でき、ものも取り出しやすく、片付けやすくなります。掃除もしやすいので、いつも清潔に保てる。クローゼットであれば風通しもよくなり、衣類もよい状態で保管ができます。何より使うときの気分が違います。

余白があることの気持ちよさを知れば、「これを維持しよう」という気持ちも自然と育っていきます。

必要なものだけを買うためのシンプルなルール

本来買おうと思っていたものを買うときに、別のものも一緒に買ってしまうことはありませんか。ティッシュを買いにきたのに、レジ横のお菓子まで一緒に買ってしまった……など、誘惑はあちこちにあります。無駄な買い物を防ぐための、わが家の対策をご紹介します。

1つ目は、買い物の回数を減らすことです。わが家は、週に1回しか食材の買い物をしません。その1回はネットスーパーを使っていますが、4人分の食材を1週間分購入することになるので、買い物リストは膨大になり金額も大きくなります。すると自然と購入欲が満たされて、余計なものを買わずに済みます。

2つ目は、買ったものの見える化です。家計簿は、つけたほうがいいとわかっているけれどもできていない、という人も多いかと思います。本格的な家計簿をつけなくても、1か月分だけでも買い物のレシートを取っておいて、見返してみることをおすすめします。「食費の中でもお酒代が多いな」「子どもの洋服にこれだけ使っているのか」などと、自分の買いぐせがなんとなくわかるものです。傾向がわかったら、次からの買い物で抑止力になります。

家計管理については、第2章も参考にしてください。

ステップ
0

目標と期間を決める

すでにご紹介したステップ1からステップ3は、いわば実践編。本書では「早く手を動かしたい」という人のために実践編からスタートしましたが、うまく進まないときは、一度片付ける手を休め、目標と期間を決めてみることです。これは、いわばステップ0の工程。片付け停滞期に入ってしまったら、今一度目的や計画を明確にしてみることをおすすめします。

なぜ片付けたいのかを明確にする

迷いなく片付けを進めていくためには、なぜ部屋を片付けたいのか、自分の中で片付けの目的を明確にしておくことが大事です。

片付けたい、と思う背景には、

・現状に不満があるから、片付けという手段で解消したい
・理想の生活があって、それを片付けという手段で叶えたい

のどちらか（あるいはどちらも）の気持ちがあると思います。こうした動機をすぐに思い出せると、原点に返ることができモチベーションを保ちやすくなります。生活に不便がある場合は動機を思い出しやすいですが、叶えたい理想の生活がある場合は、それを常に意識できるようにしておけると効果的です。

「インスタや雑誌できれいな部屋を見て、刺激を受けて片付けたくなった」という場合は、そのイメージを理想の生活に設定します。スマホに「理想の生活フォルダ」をつくり、自分が憧れる部屋の画像を保存しておくだけでも、見返してやる気を出すことができます。

片付け期間を決める

最初に片付け期間を設定し、「この期間に片付け切る！」「この時間を使って片付

ける！」と決めておくことも大事です。ベストは、3日間などなるべく短期間で一気にやること。

片付け期間を短くしたほうがいいのは、リバウンドしにくいからです。短期間で部屋が一気に片付いてスッキリした状態を体験すると、「もう二度とあの散らかった部屋に戻りたくない」という思考になります。すると今の気持ちいい状態を保とうと、毎日の行動が自然と変わってきます。片付けが長期間に及ぶと、部屋の変化もじわじわ起こるので、劇的な変化による効果は得にくくなります。

わたし自身、片付けが好きになったきっかけも、母と一緒に自分の部屋を短期間で片付け、意識改革が起きたことでした。

小学校に入学して1か月ほど経ったころ、わたしの部屋の学習机周りがどんどん散らかっていくのを見兼ね、母が一緒に片付けてくれました。学校で使うものと家で使うものを分け、その中からそれぞれ使っているものとそうでないものを分ける。そして、今使っているものを使いやすい位置に置いて、それ以外のものはすべて捨てる、ということを一緒にやってくれたのです。

母としては何気なくしてくれたことだったと思うのですが、子どもながらにそのときのビフォー・アフターの変化にかなり衝撃を受けたことを覚えています。たった数時間の間に机の上も机の中も見違えるように整然とし、気持ちがいい。感動するとともに、もう前の状態に戻したくないと強く思い、以降は自分で進んで片付けられるように。それからわたしの部屋が散らかることは一度もありませんでした。

おすすめの片付けスケジュール

片付けは短期間でやるのがいい、3日程度でやり切るのが理想といっても、毎日育児や家事に追われている人が、3日間丸々片付けに充てるなんて現実的ではありません。わたしも4歳と2歳の子どもがいるので、その難しさはよくわかります。

3日間まるっと時間を使うのは難しくても、たとえば1か月間、毎週土日に3、4時間ずつ腰を据えてやる、というのはどうでしょうか。3日間なら1日8時間としてトータル24時間をかけるわけですが、土日に3時間ずつで4週間、つまり1か月で同じ時間が費やせます。段階的にスッキリ片付いていくので、ショック効果も得られるはずです。

実際、わたしが過去に一番ものを手放した独身時代では、平日は会社員としてフルタイムで働いていたため、平日の夜2時間と、休日はできる限りの時間を使ってものを手放していました。それでだいたい3週間ほどで、その当時の理想の暮らしを叶えることができた記憶があります。

短期間で終わらせるためには、1人で片付けられる時間を確保することが必要になってきます。1日3時間ならその時間、できる限り家事も外注し、育児もパートナーやご両親、支援センターなどに任せるくらいの気持ちで実行するほうがいいと思います。「片付けのために家事を外注するなんてもったいない」という人もいるかもしれませんが、人生のうちのたった1か月間がんばれば、一生快適な暮らしが待っていると思うと、価値ある投資だと思います。

第 2 章

家事をやめて、
時間を生み出す

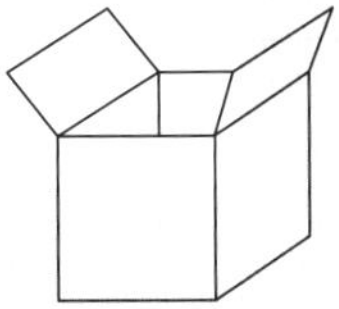

わたしの家事時間は1日37分

ものを減らした先に見えてくるのが、なんといっても「家事がラク」な生活です。ものが少なくなると家事の時間は減り、その作業性もうんとラクになります。

一般的な子育て世代の女性が、1日に家事に使う時間は、2時間38分だそうです(東京都／令和3年度男性の家事・育児参画状況実態調査)。

実際、1日24時間のうち、仮に8時間働いて、通勤に1時間、睡眠に7時間、食事が1食30分で1時間30分、身支度やお風呂に1時間30分かかっているとすると、残りは5時間。この5時間のうち、約3時間もの時間を家事に使っていることになります。残された時間はたったの2時間。子どもの相手であっという間に吹っ飛ぶような時間です。とすると、子育て世代の女性は、自由時間を持つ余裕はほぼないということです。

一方、ものが少ないわたしは家事時間を1日当たり約37分にできています。内訳は、1日のうち、料理が20分弱、食器を食洗機に入れる時間が6分、ロボット掃除機の起動が約57秒、洗濯物をたたむのが5分弱、片付けが5分（1週間でかかっているトータルの家事時間を日割りして計算）。

先ほどの一般的な子育て世代の女性とくらべると、1日2時間も浮かせられています。

わたしの場合はものが極端に少ないですが、ここまで減らさなくても、ある程度管理ができていたら、家事時間はぐっと短縮するはずです。

「時短家電」と「家事のルーティン化」がカギ

家事時間を短縮するために欠かせないのが時短家電です。第1章でも書きましたが、わたしは「時間を生み出してくれるものにはお金をかける」と決めています。わが家が導入している時短家電は、ロボット掃除機、洗濯乾燥機、食洗機。これらなしの生活は考えられません。

もう1つ、家事時間を減らすコツは、「家事のルーティン化」です。

家事をやるかやらないか、どうやろうか、どの程度やろうかと悩むことなく、毎日のルーティンにすること。これができると、①迷う時間が減る、②日々のルーティンをこなすだけで暮らしが整う、ということが叶います。わたしが服をワンピース1着にしているのも、同じくルーティン化（行動の固定化）をして、悩む時間を最低限にするためです。

家事のルーティン化には、やらないことを決め、家事を単純化していくことが大切です。やることが多すぎて複雑なままだと、覚えられず、習慣化もできないからです。

次からは、わたしが実際にやっている家事を具体的にご紹介していきます。

わたしの
ミニマル家事

掃除……

ロボット掃除機＋使った後に「ついで掃除」

掃除の時短に大きく貢献してくれているのがロボット掃除機の存在です。ものが少ないわが家では、ロボット掃除機を最大限に活用することができます。

床掃除はロボットに任せて、あとは「使ったついでに掃除すること」をルーティンにしています。ロボット掃除機をかける頻度を決めて、「ついで掃除」を徹底すれば、常にきれいな状態をキープできるというわけです。ロボット掃除機をかけるにも、「ついで掃除」をするにも、ものが少ないことは時短と負担減を叶える最大の要素です。

床掃除

ロボット掃除機を稼働させるのは、毎週月曜日と金曜日の朝、週2回と決めています。この頻度を守れば、埃が気になることはありません（わが家の場合）。時間も、子ども達が保育園に行った直後と決めています。タイミングを固定化することで、いつやろうか考えることさえ必要なくなります。

床の水拭きはごくたまに、汚れが気になったときだけ。ただしダイニング周りは別です。まだ子どもの食べこぼしが多いので、ダイニングテーブルの周辺だけは、毎食後に水拭きしています。といっても、食事のときに使っているウェットティッシュで汚れがある部分だけをついでにサッと拭く程度です。

キッチン掃除

キッチン掃除は、使った後に流れでやることを習慣化しています。わが家では手拭きや台拭きとしてペーパータオルを使っているので、拭いた後にそのペーパータオルで水栓、台、コンロまでを拭いてしまいます。この流れで、キッチンの床も拭いていきます。ペーパータオルを使ったら、その都度目につく汚れを拭く、ということをしていると、キッチンは常にきれいなまま。がんこな汚れには、市販のキッチン専用クリーニングシートを使うこともあります。

1日の終わりには、子どもの古着や使い古したタオルを使ってキッチンシンクの水滴を拭き上げます。三角コーナーや洗いおけなどがシンク内にないので、これも

ミニマリストの愛用品

ロボット掃除機
iRobot　ルンバi7＋　3年前から愛用。水拭きができる最新モデルにも興味がありますが、すみずみまで水拭きする必要性をあまり感じないので、わが家にはこちらのモデルで今のところ十分です。

排気口カバー
EasyJoy　排気口カバー　ガスコンロの排気口の上にかぶせるカバー。調理の際に出るゴミや油でグリルが汚れるのを防ぎ、掃除などの手入れがラクになります。

キッチンスポンジ
ダイニチ　サンサンスポンジ　少量の洗剤でしっかり泡立ちながら泡切れがよく、乾きやすい。パッケージが真空パック状態でコンパクトな点も好ましい。

面倒な作業ではありません。

さらに、毎月1日と15日に食器洗い用のスポンジを交換すると決めて、このときに食器用洗剤を使ってサッとシンクを洗うようにしています。この習慣化で、常に清潔なキッチンを保てています。

洗面所掃除

洗面所の水栓やシンクもキッチンと同じです。水栓は手を拭いた後のペーパータオルでその都度。洗面台にはハンドソープとペーパータオルしか置いていないので、台の水はねも使うたびにサッと拭いておしまい。夜に古タオル等でキッチンシンクを拭いた流れで洗面所のシンクも拭くことまでを、ルーティンにしています。

浴室・トイレ掃除

浴室とトイレも「ついで掃除」が基本です。
浴室は、出るときに壁や床をシャワーでさっと流して、体を拭き終わったら、そのタオルで浴槽や水栓周り、鏡を拭いています。土曜日の夜には、入浴後に洗剤とスポンジを使って浴槽と床をしっかり洗っています。この周期で掃除しておけば、汚れが気になることはほぼありません。

トイレは、2日に1回、朝使った後にトイレ掃除専用のウェットシートで床を拭いた後、便座を拭く、ということをルーティンにしています。汚れが気になるときには、その都度、専用洗剤とブラシで便器を磨いています。

ミニマリストの愛用品

トイレブラシ

山崎産業 トイレブラシ ケース付きSatto ホワイト わたしは流せるタイプの洗剤付きトイレブラシが気になっていますが、夫はしっかり力を入れてゴシゴシ磨きたい派なので掃除用ブラシを使用中。トイレの手洗い場下に収められるよう細身のものを選んでいます。

ハンディ掃除機

プラスマイナスゼロ コードレスクリーナー 夫婦2人暮らし時代から使っているコードレス掃除機。長いノズルを手放し、ハンディ掃除機として使用中。局所的な汚れに対応。

玄関掃除

玄関は、主に休日、子ども達が公園で砂遊びをして帰ってきたときに汚れが持ち込まれます。砂埃を家の中まで運ばないよう、まず子ども達に玄関で着替えてもらい、服や靴についた砂埃をすべて落としてから、ハンディ掃除機をかけています。雨などでたたきの汚れがひどい場合は、翌日以降、乾いた後にウェットティッシュで拭き上げています。

玄関も、外出後は全員分の靴をすべて靴棚に片付けているので、汚れに気づきやすく、すぐに掃除に取りかかれます。

洗剤は専用洗剤を使う

洗剤は、市販されている用途別の専用洗剤を使っていて、それぞれ使う場所にスタンバイさせています。洗剤については「ミニマリストなのに家中に専用洗剤があるんですね」と驚かれることもあります。ミニマリストさんには、汎用性の高い洗剤を1種類だけ持って、食器洗いやトイレ掃除、洗濯などに幅広く使う人も多いからです。

確かに、汎用性の高い洗剤は一見便利そうです。どんな汚れでもそれ1つである程度落ちそうですし、在庫の管理がシンプルという利点もあります。でも、わたしは専用洗剤派。洗剤の濃度を調整して使うのも面倒ですし、メーカーが各所の汚れを研究してつくっている洗剤なのだから、専用洗剤のほうがしっかり汚れが落ちて、結果的には時短になるのでは、と思っています。わたしは食品メーカーで開発職をしていた経験があり、生活用品メーカーの開発力に信頼を置いていることも影響しています。

専用洗剤の力を借りて、簡単かつ時間をかけずに掃除するのが、効率がよいと感じています。

片付け……

子どもがどれだけ散らかしても5分でリセット

わが家には4歳の娘と、2歳の息子という遊び盛りの子ども達がいるので、子どもが起きてからは部屋が一瞬で散らかります。

それでも、部屋全体のものが少ないので、片付けもストレスなく終わらせることができます。

主な片付けは、朝子どもが保育園へ行ってからと、子どもが寝た後の2回。直前まで使っていたおもちゃや絵本を定位置に戻すだけなので、ものの5分で完了します。最近は上の娘には「一緒に片付けよう」と誘って、2人で元に戻しているので助かっています。

おもちゃ以外に、大人のものも子どものものも、すべて定位置が決まっているので、使ったらその都度本来の場所に戻すだけ。これを徹底しているので、ものが出しっぱなしという状態はありません。

わたしの
ミニマル家事

洗濯……

洗う・たたむ・しまうを洗面所で完結

わが家の家事で大きく時短に貢献してくれているのが洗濯まわりです。毎日の洗濯と衣類の収納はほぼ洗面所内で完結するため、その作業時間は5分以内です。流れとしては、

1 毎晩、お風呂上がりにすべての衣類を洗濯乾燥機にかける
2 翌朝、乾燥まで終わった洗濯物を取り出す
3 下着類、部屋着（パジャマ）をざっくりたたんで洗面所内の収納棚にしまう
4 子どもの服をクローゼットにしまう

以上です。洗濯乾燥機のおかげで、干す、取り込む、という時間がゼロに。家族の下着、部屋着はすべて洗面所内の棚に収納。収納スペースに余裕があるので、丁寧にたたむこともしていません。

洗濯は1日1回

洗濯は、家族全員分を1日1回と決めています。家族4人分で毎日約30リットル（一般的な洗濯かご1つ分）の量です。

家庭によっては通常コースで洗うものとおしゃれ着洗いするものを分けたり、干して乾かすものと乾燥機にかけるものとを分けたりすると思いますが、わが家では「1日1回の洗濯・乾燥」にすべての衣類を集約させています。

たとえばわたしが毎日着ているワンピースの場合。夜お風呂に入った後にパジャマに着替えたら、ワンピースを洗濯乾燥機へ入れて家族の衣類と一緒に洗濯・乾燥までしてしまいます。翌朝、洗面所で洗濯乾燥機からワンピースを取り出して着替えます。これを叶えるために、洋服を選ぶ条件は家庭で洗濯・乾燥までできて、シワにならないもの。家族の衣類も同様の条件で選んでいて、夫のワイシャツも、洗濯乾燥機対応でシワにならないものを選んでいます。アイロンも持っていません。
なお、乾燥による衣類の縮みが気になる場合、子ども服などはあらかじめ縮むのを見越して、ワンサイズ大きめを買うといった工夫も有効だと思います。

ミニマリストの愛用品

洗濯乾燥機
Panasonic　洗濯乾燥機キューブル　洗剤自動投入機能があるため、洗剤を量って入れる手間がありません。乾燥機能がソフトで、縮みもほとんど気になりません。すっきり真四角な、シンプルなデザインも気に入っています。

布団乾燥機
カドー　ふとん乾燥機　FOEHN001　ウォームグレー　シンプルなスティック形で、一見では布団乾燥機とはわからない見た目。敷布団とかけ布団の間に入れてスイッチを押すだけで布団全体が乾燥できます。マットの設置やホースの処理が面倒だった従来品にくらべ、収納スペースもかなりすっきり。

わたしの
ミニマル家事

料理……
しないことを決め、
することは徹底的に固定化

部屋着と下着の収納は洗面所に

家族の下着や大人の部屋着、子どものパジャマなど、入浴後に着替える衣類は家族全員分を洗面所内に収納しています。こうした衣類を入浴のたびにクローゼットへ取りにいくのは面倒。衣類の数が少ないと、「使う場所（着替える場所）に収納すること」ができ、生活動線がスムーズです。

少し前までは、子ども服もすべて洗面所内の収納棚に収めていました。今は着替えや保育園準備を自分達でできるようになってきたので、子ども服はプレイルームのクローゼットに収納しています。

わたしが昔からずっと苦手にしている家事が料理です。夫婦2人暮らし時代から、時短とおいしさ、栄養の妥協点を見つけるのが難しいなと感じていました。それでも、自分がくり返しつくっているレシピをいくつかブックマークして、つくるものに困ったらそれを見る、ということをしていました。

上の子が生まれてからは育児時間が増えたため、今まで以上に料理時間を切り詰めざるを得なくなりました。さらには、大人だけでなく、子どもが食べられるものをつくる必要も出てきます。

夫婦時代の方法をさらにブラッシュアップさせる必要があると感じたわたしは、まず料理の工程を細分化。次に効率よく運用するために、まずはやらないことを決めていきました。

揚げ物はつくらない

家でつくらないと決めているのが揚げ物です。家で揚げ物をすると、揚げ物鍋、油切り網、新聞紙、油のポット、油の凝固剤など、専用の道具がたくさん必要になってきます。後片付けや掃除も大変です。苦手な調理をするストレスや滅多に使わない器具を保管するスペース、管理する手間を省くため、揚げ物が食べたくなったらスーパーで購入しています。

家での調理は、煮る、焼く、炒める、そしてレンジ調理だけに。調理法を広げすぎないことで、慣れない調理にもたつくことなく時短になり、調理器具を少なく保つこともできます。

基本的な調味料しか揃えない

調味料は、基本的なものしか揃えていません。砂糖、塩、酢、しょうゆ、味噌の基本調味料に、酒、みりんなど。変わった調味料やハーブなどの使用頻度の低い調味料は持たないようにしています。

調理法を限定するのと同様に、味付けの幅も広げすぎない。変わった調味料を使う料理が食べたいときは外食すると決めて、家では基本調味料でつくることができる範囲で、料理をしています。

詰め替えはしない

調味料関係で付け加えると、「調味料の詰め替え」もしていません。調味料のパッケージはにぎやかなデザインなので、中身を別の容器に入れ替えて、見た目を統一すると美しいのは確かです。でも、デメリットも多い。

まず、中身を入れ替える手間がもったいない。特に油などの液体調味料や小麦粉などの粉類を、こぼさないように気を遣って入れ替えるのには時間がかかります（そしてたいていこぼして掃除する手間も発生する）。次に、入れ替える容器を毎回洗って乾燥させる手間ももったいない。清潔を保つためには毎回念入りに洗って、よく乾かす必要もあります。そして、視認性も悪くなる。すべて同じ容器だと、パッと見て手に取ることができないので、ストレスにしかなりません。他にも、詰め替え容器購入の費用がかかるし、中身を把握するためのラベリングにも手間と時間がかかります。

調理は毎日しない

子どもが生まれる前までは、毎日ご飯を炊いて、夕食も基本的にはその日食べるものをその日につくっていました。子どもが生まれてからは、キッチンに立つ時間をできるだけ減らしたいと考えて、つくり置きをメインにすることにしました。

その結果、料理をするのは週4日に。残りの3日はつくり置きしたものを温め直すだけに。まとめてつくることで、料理にかける時間は大幅に少なくなりました。

具体的なスケジュールは表の通りです。主菜は翌日、翌々日分をまとめて、汁物は日曜日に平日5日分をまとめてつくり置き。よく「5日分まとめてつくると夏場に傷みやすくないですか?」と聞かれるのですが、日曜日に大鍋でつくった後は、すぐに冷蔵庫で冷却。以降は大鍋を火にかけることはせず、毎日夕食前に汁椀によそったものをレンジでしっかり加熱して食べるようにしています。この方法で、わが家は家族全員特に問題なく食べられています(ただし食材の鮮度や環境で異なりますので、同じ方法を取る場合でもそれぞれ自己責任でご判断ください)。

つくり置きスケジュール

	日曜日	月曜日	火曜日	水曜日	木曜日	金曜日	土曜日
主菜	2日分をつくり置き（月、火曜分）		2日分をつくり置き（水、木曜分）		1日分をつくり置き（金曜分）※火曜日多めにつくってしないときも		2日分をつくり置き（土、日曜分）
汁物	5日分をつくり置き（月～金曜分）						2日分をつくり置き（土、日曜分）
ご飯	5合炊飯&小分け冷凍				5合炊飯&小分け冷凍		

ご飯も、週に1、2回まとめて5合分を炊いて、小分けにしてラップに包み、冷凍保存をしています。毎回炊飯器の釜やしゃもじ、部品を分解して洗うのが大変でしたが、この手間が減ったのはかなり大きい。味の面でも、最近の炊飯器で炊いたご飯は、炊き立てをすぐに冷凍→電子レンジ加熱しても普通においしいなと感じます。

しないことを決めたら、次はすることの固定化です。

料理の工程は、①献立決め、②食材の買い出し、③下ごしらえ、④調理、⑤後片付けの5つに細分化できます。それぞれの工程で、どのように工夫しているかをご紹介していきます。

①献立：主菜を固定化して、考えない

まず、主菜を20パターンに決めました。毎日手を替え品を替え、違うものを食卓に出すことをせず、家族がおいしく食べてくれるものを順繰りにまわしていく、と

いう方法です。具体的には、つくりやすくて家族にも好評な主菜メニューを20、リストアップして、スマホのブックマークにまとめます。ブックマークに限らず、メモ帳でもノートでも自分がすぐに見返せるものであれば何でもいいと思います。

主菜はつくり置きするので、買い物スケジュールに合わせていつも水曜日の夜に1週間分の3、4品を決めています。リストから主菜を選ぶだけなので、悩む時間はほぼゼロ。

わたしのリストは次ページの表の通り。肉や魚の種類を変えたり、野菜を旬のものに置き替えたりすれば、飽きることはありません。

ちなみに副菜は、あらかじめ何をつくるかをあえて決めず、主菜で余った材料を使って簡単につくることにしています。主菜のようにガチガチに決めないことで、材料に無駄が出なくなります。もし食べたいものがあればその材料を買うこともしますし、副菜がない日もあります。

朝食メニューも固定化しています。火を使わないものと決めていて、忙しい朝なので、5分以内に支度を終わらせています。

主菜と朝食の固定リスト

【主菜リスト】

・レンジ鶏チャーシュー
・レンジ鶏トマト煮
・レンジ鶏じゃがいも塩にんにく煮
・レバニラ
・肉じゃが
・肉豆腐
・豚肉じゃがいもハニーマスタード
・厚揚げの豚肉巻き
・厚揚げなすひき肉炒め
・豚の角煮
・鶏の唐揚げ（少量の油で揚げ焼き）
・手羽元大根の煮物
・鮭ちゃんちゃん焼き
・鮭ムニエル
・鮭きのこガーリックバター醤油炒め
・さば味噌煮
・さば塩焼き
・さばのカレー粉焼き
・ぶり大根
・麻婆豆腐

【朝食メニュー】

・ご飯（冷凍したものを電子レンジ加熱）／パン（そのまま出せるもの）／オートミール
・牛乳
・チーズ
・季節の野菜、果物（洗ってすぐに出せるものだけ）

②買い物…週1回のネットスーパーに集約

献立を決めたら、次は買い物です。わが家では、買い物は週に1回と決め、ネットスーパーを利用しています。

以前、上の子が生まれてしばらくは、買い物はわたしか夫のどちらか1人が週に1回スーパーに行く、という方法をとっていました。子どもを買い物に連れていくと、子どもがお菓子を買いたがったり、それが叶わなくて泣いてしまうのをなだめたり……といったことが起こります。これを毎回していると時間がかかるし、自分

ミニマリストの愛用品

ネットスーパー

楽天西友ネットスーパー　楽天ポイントをためているので利用。食材だけでなく、ペーパータオルやラップ、トイレットペーパーなどの日用品も一緒に買うことができて助かっています。

宅食サービス

つくりおき.jp

主菜副菜が5日分（もしくは3日分）届く宅配サービス。忙しく、平日どうしても料理に手が回らないときに月に1、2回利用しています。

にも余裕がなくなると思ったからです。

でも実際のところ、1週間分の食材や日用品を1回で買い切って、1人で自転車に乗って持ち帰ってくるのはかなりの重労働……。買う量が多い日は、登山リュックを背負って行くくらいでした。雨の日などは雨具を着て行くので、さらに大変。

というわけで、下の子が生まれてからはずっとネットスーパーです。

わが家は週末につくり置きをする量が多いので、金曜に食材が届くように手配しています。水曜の夜に、スマホに入っている主菜メニューの中から3、4品を選んだら、必要な材料をネットスーパーの「買い物かご」に入れていきます。木曜朝に過不足がないかを確認してオーダーしています。

③下ごしらえ…毎回はしない

肉や魚を切り分けたり、野菜を切ったり。料理には下ごしらえが必要ですが、わたしはこの時間もなるべくなら少なくしたいと思っています。

②の買い物とも関係してくるのですが、ネットスーパーでは肉や魚はあらかじめ

カット済みのものを買います。カットする時間を短縮できるだけでなく、まな板と包丁の洗い物も減らすことができます。肉や魚をカットした後の洗い物は丁寧にする必要があるので、この手間と時間がなくなるのは大きいです。

また、ネットスーパーから商品が届いたら、野菜類はなるべくそのときにカットまで済ませるようにしています。切るとすぐに傷むものや変色してしまうもの以外、あらかじめすべて切って保存用ポリ袋に入れておきます。こうすると、野菜を切る作業が1週間に1、2回で済みます。

④調理…簡単な調理に絞る

食材を調理する過程でもなるべく手間をかけたくないので、わたしはレンジ調理をフル活用しています。

レンジ調理は、耐熱ガラス容器に肉や野菜、調味料などの材料をすべて入れ、電子レンジで加熱する調理法。フライパンや鍋を使わず、ガラスの容器であればそのまま食卓に出せるので、お皿に移し替える必要もありません。もし食べ切れずに残してしまった場合も、そのまま付属の蓋をして冷蔵・冷凍保存ができます。

先に紹介した主菜メニューにも、レンジでつくれるものが多くあります。

また、細かいことですが、できるだけまな板と包丁を使わなくて済むよう、キッチンバサミも活用しています。野菜などは、調理中にキッチンバサミを使って直接鍋に入れるようにもしています。

⑤後片付け…食洗機におまかせ

皿を手洗いして、水を切ってタオルで拭き、乾燥させてから片付ける、という手間と時間がなくなったことで本当にラクになりました。

食洗機をかけるのは朝食後に1回、夕食後に1回の1日2回に固定。朝食で使うお皿は少ないですが、少なくても稼働させると決めて、ルーティンに。電気代や水道代がもったいないからと食器をためるとイライラしますし、食洗機を使うか、使わないかを悩む時間のほうがもったいないからです。

調理家電との付き合い方

くり返しになりますが、わたしは「時間を生み出してくれるものにはお金をかける」と決めています。その上料理には苦手意識もあるので、流行りの調理家電の情

ミニマリストの愛用品

耐熱ガラス容器
iwaki パック&レンジ ホワイト 1・2L 電子レンジ調理、オーブン調理、冷凍OKな耐熱ガラス容器。料理の下準備、保存、温め直し、お皿として多用途です。電子レンジだけでできる主菜は下ごしらえからレンジ調理までこれ1つで完了。つくり置きしたおかずを容器に入れて冷蔵保存し、食べるときに容器ごと電子レンジで温め、容器のまま食卓へ出すことも。使い勝手がいいのでわが家では1・2リットルサイズを2つ購入し、中皿を2枚手放しました。

キッチンバサミ
金鹿工具 みまつ キッチン鋏（リムーブ） 愛用歴はもう6年以上なのに、切れ味がほとんど落ちないキッチンバサミ。まな板と包丁を出さなくても野菜や肉がカットでき、洗い物を減らすことができます。子ども用におかずを食べやすく切り分けるのにも便利。ハサミの用途だけでなく、缶のふた開けや栓抜きにもなります。分解して水洗い&煮沸消毒でき、長く清潔に保てる点も気に入っています。

電気ケトル
バルミューダ BALMUDA The Pot シンプルなデザインが好み。凹凸が少ないので、さっと拭くだけでお手入れが終わります。

報はいつもチェックしています。

自動調理鍋「ホットクック」は2年ほど前にレンタルをしたことがあり、それはそれは便利でした。レシピ通りに材料を入れたら、ほったらかしにできるので、「2、3台持って一切コンロを使わなかったら、かなりラクかも?」と思ったほど。でも、こう思ったのはわたしだけで、夫の反応はいまひとつ。夫はわたしと違って料理が好きで、ちゃんと味見をしながら自分の手で調理したいタイプなのです。実際、休日は昼食も夕食も主に夫がつくるので、そこで「ホットクック」を使わないなら買うのはもったいない。わたしが料理するのも週に2、3回なのでフル活用とはいかず、使う頻度が低いと慣れるのに時間もかかりそう。「ホットクック」は意外に大きく、キッチンの場所を取ることとわが家での活躍期待度を天秤にかけた結果、導入は見送っています。

スチーム機能付きのオーブン・電子レンジ「ヘルシオ」は、以前使っていた電子レンジが故障したのを機に買い替えて現在使用中。苦手な料理を大いにサポートしてもらおうと、2段調理ができるものを選びました。買ってしばらくは物珍しさもあっていろいろとつくったものの、そのうちつくらなくなりました。今や電子レンジ調理が主で、オーブン機能はごくたまに使うのみ。多様な機能をいまひとつ活用できておらず、この経験が「ホットクック」の導入を慎重にさせてくれました。調理家電に限らず、便利な家電を導入するときは、自分のライフスタイルの中で高頻度に使うかどうか、よく見極めることが大切だと思います。

わたしの
ミニマル家事

書類整理……

ためずに「即捨て」&
定期的に棚卸しを

書類整理や管理も家事の1つと言えるでしょう。毎日届くDMや郵便物、家電の

ミニマリストの愛用品

食洗機
Panasonicビルトイン食器洗い乾燥機　ディープタイプ　以前のマンションで後付けした食洗機。ディープタイプは収納力が大きく、大鍋やフライパンなども入れられて大助かりでした。

取扱説明書、子どものプリント……などの書類。「いつかいるかも」「いつかないと困るかも」という気持ちが起こりやすく、捨てるのをためらいがちです。かさばるものではないので「一応とっておくか」となりやすい。それがどんどんたまっていくと、けっこうなスペースを占め、あげく本当に必要な書類が見つからない、なんてことに。次にわたしが実践している書類の管理法をご紹介します。

ＤＭや郵便物は即仕分け

郵便物やＤＭ類は「即捨て」を徹底しています。わが家はマンションなので、郵便物はメールボックスに届きます。中身を取り出したら、廊下を歩きながらその内容をチェック。開封して中身を確認するものと未開封のまま捨てるものとにまず分けます。開封して残しておくべき書類があれば抜き出します。ここまでを家に着くまでに済ませ、帰宅したらいらないものは即ゴミ箱へ。

不要なＤＭは、できるだけその日に停止手続きまでしてしまうのがおすすめ。面倒な作業ですが、一度済ませてしまえば先々の煩わしさから解放されます。

取扱説明書は全部捨てる

家電の取扱説明書は1か所にまとめて保管している人が多いと思います。これがけっこう分厚く、かさばりがち。中には、家電を買い替えたのに古い取扱説明書を保管したまま、というケースもありそうです。

取扱説明書は、実は全部捨ててOK。なぜなら、ネット検索すればたいてい取扱説明書のPDF版を見ることができるから。実際に家電に不具合があったときに、スマホでキーワードを検索できたほうが、早く答えが見つかります。買ったばかりで操作を覚えていないうちは印刷物があったほうが便利ですが、ひと通り使えるようになったら保管しておく必要はないのです。

ミニマリストの愛用品

ファイルボックス

ニトリ　A4ファイルスタンドNオール　レギュラー　書類を入れるのに使用。キッチンでは鍋を立てて置くためにも使っている汎用性が高いもの。定番品なのでいつでも買い足しができます。

なお、取扱説明書と一緒に購入時のレシートを保管している人もいるでしょう。故障したときに、保証の範囲内なのかを確認するためです。

わが家も購入時のレシートがある場合はクリアファイルにひとまとめにしています。それでも、取扱説明書と一緒に保管するより、ぐっと省スペース。もっとも、家電はネットで購入することも多く、購入時期はメールで履歴を辿って確認することがほとんどで、そのほうが管理がラクだとも感じています。

保管すべき書類は限られている

わが家で保管している書類は、保険証券、賃貸契約書など住宅関係の書類、確定申告のための書類（医療費控除のための領収書、経費の領収書、ふるさと納税寄付金証明書）です。キッチン横の書類保管スペースで、すべてファイルボックスに入れて保管しています。領収書関係は年度ごとにまとめておき、保管期限が過ぎたら処分します。

わたしの
ミニマル家事

家計管理……

お金の流れを徹底的に「見える化」

家計管理は直視したくない問題なので、後回しにしている人も多いかもしれません。でも、ものが減って部屋が片付いてくると、自然とお金の流れもシンプルにしたい気持ちが高まってきます。ものが減って、生活の全貌を見渡せる状態が当たり前になってくると、見えない状態が気持ち悪いからです。

お金の「見える化」は、節約や貯蓄にも貢献します。家の中と同様、どこに何があるか（何にいくらお金を使っているか）を一目瞭然にしておくことが、もの（お金）に振り回されない秘訣です。

わが家は2016年に結婚し、家を購入するタイミングも重なって、「これはしっかり管理しなければまずい」と思ったのがきっかけで家計管理を本格的にはじめました。そしてその年は夫婦2人で年間300万円を貯金できました。

次に、わが家でやっている家計の「見える化」の方法をご紹介します。

毎月の収支の「見える化」

生活費の収支は月単位で見直したほうがいいと思います。わが家も、毎月決まった日に、前の月の収入と支出を計算し、夫婦で情報を共有しています。

といってもやることはシンプル。1か月分の収支データを家計簿アプリで確認し、エクセルのフォーマットに入力するだけ。作業時間は20分もかかりません。

この見直しをラクにするために、次のことを徹底しています。

①すべての支払いを電子決済、クレジットカード決済にする

②〈Zaim〉や〈マネーフォワード〉などの家計簿アプリにクレジットカード情報、口座情報をすべて結びつけておく

③エクセルで収支フォーマットを作成しておく（項目は大まかでOK）

まず、管理しやすくするために現金をなるべく使わないようにします。日用品の

買い物はネットスーパーなのでいつもカード決済。そのほかの支払いも極力電子決済、カード決済を選択します。あらかじめ家計簿アプリにクレジットカードや銀行口座の情報を結びつけておけば、光熱費や通信費の自動引き落とし情報などがアプリ内に反映されるので、集計の手間がなくなります。

次にアプリの項目をエクセルに入力して、「使ったお金」を見える化します。家計簿アプリによっては、アプリ内で、ある程度支出の変動を確認できますが、自分達が把握しやすい形で項目をアレンジしたいので、わが家では最終的にエクセルで管理しています。

この作業もシンプル。家計簿アプリの項目を並び替えたり、まとめたりするだけ。変則的な支出（旅行、贈り物、1万円以上の雑費、年間イベント、固定資産税など）は、月の収支とは分けて年間の支出とすることで、月ごとの比較をしやすくしています。

使えるお金の「見える化」

次は使えるお金の「見える化」です。お金に関する不安を解消すべく、わが家で

わが家の家計簿

2023年10月　2023年11月　2023年12月　2023年まとめ　**2024年1月**

日付	項目		支払い先		金額
月間の必須支出					¥◎◎◎
	家賃	家賃	○○銀行		¥○○
		管理費	○○銀行		¥○○
	小遣い	夫			¥○○
		妻			¥○○
	保険		○○銀行		¥○○
	水道・光熱	水道料金	○○カード	水道	¥○○
		ガス料金	○○カード	ガス	¥○○
		電気料金	○○カード	電気	¥○○
	通信	夫携帯	○○カード	（通信会社名）	¥○○
		妻携帯	○○カード	（通信会社名）	¥○○
月間の変動支出					¥◎◎◎
食費					¥○○
2024/1/○	食費	食料品	○○カード	楽天西友ネットスーパー	¥○○
2024/1/○	食費	食料品	○○カード	つくりおき.JP	¥○○
⋮					
外食費					¥○○
2024/1/○	食費	夕飯	○○カード	（レストラン名）	¥○○
⋮					
日用雑貨					¥○○
2024/1/○	日用雑貨	消耗品	○○カード	（スーパー名）	¥○○
2024/1/○	日用雑貨	子ども関連	○○カード	Amazon.co.jp	¥○○
⋮					
医療・保健・病院・薬					¥○○
2024/1/○	医療・保険	耳鼻科	共通財布	（医療機関名）	¥○○
⋮					
教育・習い事					¥○○
2024/1/○	教育・教養	水泳体験	共通財布	（教室名）	¥○○
2024/1/○	教育・教養	書籍	○○カード	Amazon.co.jp	¥○○
⋮					
美容・衣料・コスメ					¥○○
2024/1/○	美容・衣服	クリーニング	○○カード	（クリーニング店名）	¥○○
⋮					
その他					¥○○
2024/1/○	交通	自転車レンタル	○○カード	（施設名）	¥○○
⋮					
年間の変動支出（旅行、贈り物、1万円以上の雑貨、年間イベント費）					¥◎◎◎
2024/1/○	旅行		○○カード	（航空会社名）	¥○○
2024/1/○	お祝い	出産祝い	共通財布	（友人名）	¥○○
⋮					
年間の必須支出（固定資産税、自動車税など）					¥◎◎◎
⋮					

1か月ごとに収支をまとめ、別シートに1月から12月までの目標収支金額と実際の金額をまとめています。

は第2子が生まれた2021年に老後までのライフプラン・シミュレーションを行いました。当時ネット上で見つけたひな型を使い、老後までの収入と支出の予測を立てました。具体的には、横軸に西暦、縦軸に家族全員分の名前やライフイベント、収入（年収、退職金、年金や企業年金など）、支出（生活費、教育費、住宅、ライフイベントなど）、年間収支、貯蓄や投資費というような項目が設けてあって、それぞれの予測値を入力していきます。

これは少し根気のいる作業ですが、一度やっておくことをおすすめします。いつ、どんなタイミングでどのぐらいの費用が発生するかがわかっていると、そのための貯蓄目標も計画的に立てることができます。この表をつくることで、「いつまでに、いくら貯めておかなきゃいけないのか？」という漠然とした不安もなくなります。自分が理想とする状態にはどのぐらいの収入を維持する必要があるのか、などもわかり、転職や独立などの際にも役立ちます。わたしが会社員を卒業できたのも、この目安があったからこそ。よく、「4人家族だと何歳までにいくら貯めるべき」というような記事などを見かけますが、住む場所や生活環境は千差万別なので当てになりません。自分達のライフプランでは、どのぐらいのお金が必要なのかは、自分達の生活を元に考えないとわかりません。

そしてわが家では、このライフプラン・シミュレーションを元に、年間の貯蓄目標を立て、教育費とレジャー費（娯楽・家族旅行費など）の年間予算を決めています。

住居費や食費のような基本的な生活費はあまり変えられませんが、子どもの習い事や家族旅行の費用は、コントロールが可能。むしろ容易に膨らんでしまう費用でもあるので「いくら使えるのか」という予算は把握しておきたいところ。使えるお金がわかっていると、子どもの習い事を決めるにも、家族旅行の行き先や日程を決めるにも、安心です。

貯蓄には投資を活用

ライフプラン・シミュレーションをつくってわかったのが、子どもが未就学児の今が「貯めどき」であること。子どもが中学・高校・大学時代に入ると教育費が重くのしかかってきて貯めにくい時期になります。むしろ、育休が明けてから子どもが小学校に上がるまでの間になるべく貯蓄しておくことが必要とわかり、教育資金の積み立てに着手しました。具体的には、家族それぞれの名義で〈NISA〉で積み立てをしています。

投資をしたほうがいい、個人年金をかけたほうがいい、という情報があふれていますが、まずは目的や予算を明確にすることが先。自分がどんな人生を送りたいか考える→それを実現するためのライフプラン・シミュレーションをする→いつどのぐらいお金が必要なのかを把握する→お金を貯めるために投資や積み立てをする、という流れです。以前はわたしも何のためにするのかよくわかっていなかったのですが、今は自分の人生の目標を叶えるために、手段として投資を利用しています。

日用品のストック……

補充タイミングを固定化

日用品のストックは多くて1か月分しか持ちません。ストックは増やしすぎるとスペースを取られますし、持ちすぎて何があるのか把握し切れなくなって二度買いしてしまうのも、もったいない。ネットで注文すれば最短その日中に届く地域に住んでいるわが家は、基本はストックが1か月分を切りそうになったら、ネットで購入する生活です。トイレットペーパーの残りが少なくなったら、気づいたときにスマホでネットスーパーの「買い物かご」に入れておき、その週の他の食材などと一緒に購入する、という流れです。

どの程度ストックしておくべきかわからない、という場合は、まずその日用品を1か月でどのぐらい使うかを把握することからはじめます。たとえばラップを1か月で2本使うとわかったら、2本をストックしておき、今使っている分がなくなってストックに手を伸ばしたタイミングで、1本を補充するのです。これを続ければ、ストックが切れて困ることも、在庫が増えすぎることもありません。

わたしの
ミニマル家事

防災ストック……

危機管理も家事の1つ

わたしは東日本大震災で避難所生活を数日間経験しました。当時仙台の大学に通っていて、1人暮らしの家で被災したのです。避難所生活は、食料不足やトイレ問題、プライバシーの欠如などもあり、かなり過酷でした。

この経験から、もし被災したら自宅が立ち入り禁止にならず無傷であれば、自宅で過ごすのがよいと思っています。東日本大震災のとき、わたしはまだ学生で身軽でしたが、今は子どももいるのでなおさら、避難所よりも家にいられたほうがストレスがかからないだろうと想像しています。

こういった理由で、わが家でも防災用品を備蓄しています。

ちなみに、わたしの住んでいるマンションには世帯分の防災用品や食料の備蓄があるのですが、これをあまりあてにしていません。いざというときには家ですぐに対応できるのが安心。配給品をただ待つのは不安ですし、子連れだと自由に動くのもままならないからです。

具体的に備えているものと量を次にご紹介します。

防災品① 水（飲用と調理用で1人1日3リットル×4人分×3日分＝36リットル）

わたしが整理収納アドバイザーの資格を取った際、「水は最低3日分、理想は7日分保管しておく」と学びました。水は、自治体や自衛隊が一番に配給しはじめるものなので比較的手に入りやすいとも聞きます。だからわが家では、最低3日分の水と、水を運ぶためのタンクを備えています。

普段、飲用や調理用の水は浄水器を通した水道水を使っているので、防災用のペットボトルの水を消費することはありません。賞味期限がくる前に買い替えるのを忘れないように、購入時にスマホの〈グーグルカレンダー〉に賞味期限の2か月前に買い替えるというスケジュールを入れています。

水が配給された際に必要になるタンクは、普段は使わないので折りたためて省スペースで保管できるものを用意しています。容量は16リットル。これでわが家の場合は1日分以上が確保できます。

防災品②

食料品（最低3日分、理想は7日分）

アルファ米などもストックしていますが、食べるためには水が必要なのでこれだけだと心もとない。炭水化物は、すぐ食べられる缶入りパンを6缶備蓄しています。

ミニマリストの愛用品

給水用タンク

アイリスオーヤマ　ウォータータンク 16L 広口タイプ　災害時に配給される水を運ぶためのタンク。肩掛けタイプなので大人の女性でも運びやすい形です。口が広くてお手入れもラクである点、コック付きで便利そうな点も選んだ理由です。

災害時は気持ちの沈み方が普段と全然変わってくるので、少しでもおいしそうなものを選んでいます。

日常的に消費しながら補充する「ローリング・ストック」は、賞味期限を過ぎたものが残らない点でおすすめ。わが家でも、子どもが好きなパンや缶詰、パスタやラーメンといった乾麺のストックをやや多めにしています。乾麺は日常で消費する分＋5食分、缶詰もよく使うツナ缶やサバ缶を5缶ずつ置いています。

ちなみに、食事のときにあると便利だったのが食品用ラップフィルム。普段使っている皿にラップを敷いて、その上で食事を済ませれば、ラップを交換することで何度も同じ皿を使用できます。皿を洗えないときにラップは大活躍なので、こちらもストックしています。

防災品③

子どもの食べ慣れたもの

災害時は大人はもちろん、子どもにかかるストレスはかなり大きいと思います。そんなときに食べ慣れているものがあれば、食事面でのストレスは少し軽減できるはず。そんな考えから、わが家で子ども用の非常食として多めにローリング・ストックしているのが、オートミール。離乳食初期から今まで、2人とも毎日のように食べているものです。水や湯と混ぜるだけでおかゆ状のペーストになる簡単さと、栄養バランスがよい点でも安心感につながりそうです。

ミニマリストの愛用品

缶入りパン

ボローニャ　缶deボローニャ6缶セット　すぐに食べられる炭水化物源として購入。昔ながらの缶入りパンだと硬くてボソボソしていてあまりおいしくない印象なので、デニッシュで味もおいしそうなこちらを保管しています。

オートミール

Gerber　オートミールシリアル　水や牛乳と混ぜるだけで完成する〈アイハーブ〉のオートミール。鉄分やカルシウム、ビタミン類などが豊富で、少食な娘が少しでも食べてくれると安心できました。

パン

KOUBO低糖質カスタードロール／低糖質クロワッサン　普段からローリング・ストックしているパン。賞味期限は75日と長く、常温保存できます。主に休日のおやつとすることが多く、子どももぱくぱく食べてくれます。個包装なので、持ち歩くにも便利。

防災品④

ガスバーナー・ボンベ

災害時は、温かい食べ物があるだけで落ち着くものです。被災した初日、避難所で配給された温かいご飯を食べて心からホッとしたことを覚えています。

わが家で備えている熱源は、登山用品のガスバーナー。子どもが生まれる前、夫婦で登山時によく使っていたものです。火が使えたら湯を沸かしたり、レトルトを湯煎したりができます。未使用のガスボンベも2個備蓄しています。

防災品⑤

電灯・電池

熱源とともに必要なのが光源です。暗闇の中では、大人も子どもも不安が増します。わが家では、登山用のヘッドライトとキャンプで使う小さめのライトを持っています。電池も常に1ダースほどストックしています。

防災品⑥

ラジオ

普段はインターネット・ラジオを聴いているので、いざというときにアナログのラジオがちゃんと使えるよう、平常時に夫婦で使い方を確認済みです。

防災品⑦

入浴代用品

普段から使っている子ども用のウェットティッシュ（おしりふき）があれば、大人も子どもも体を拭くことができます。こちらもローリング・ストックの考え方で、

ミニマリストの愛用品

クッカーセット
コールマン　パックアウェイ　ソロクッカーセット　使わないときは中にガスバーナーとボンベ（共に別売り）を入れてコンパクトに収納しておける点が気に入っています。

ヘッドライト
GENTOS LEDヘッドライト　65グラムと軽量かつ点灯時間が最大20時間（エコモード時）と長いヘッドライト。ボタン1つで点灯するシンプルな構造で、災害時も慌てずに使えそう。

非常用ライト
スノーピーク　たねほおずきライト　小ぶりながら、高い位置に引っかければ部屋全体を明るく照らしてくれます。

1パック（80枚入り）が残り5パックを切りそうになったら、新たに1箱ネットスーパーで頼むようにしています。

また、湯が沸かせるようになったら、普段使っているタオルを湯で温めて体を拭くことも可能です。

防災品⑧

子どものおむつ

普段使いしているものを、常に2パック以上保管しています。

防災品⑨

アルミシート

登山のときにあってよかったと思うものだったので、今でも災害時用に保管。寒いときはこれを体に巻くだけで温かくなり、居場所を確保するシートとしても活用できます。

第 3 章

子育てこそ
ミニマルに

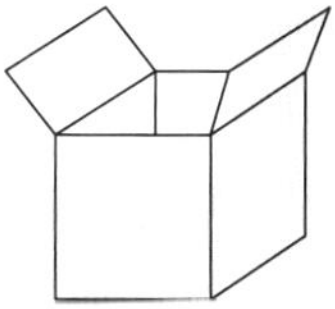

妊娠中にやっておくことは、ものを減らし切ること

もし妊娠中の人がこの本を読んでくれていたら、出産までにやっておいてほしいことがあります。それは、とにかく家の中から不要なものをなくすこと。

子どもが生まれるとなかなか片付ける時間が持てません。赤ちゃんの生活リズムに合わせながら、合間に家事をこなすことで精一杯になります。睡眠時間も削られ、パフォーマンスも落ちます。今までできていたことができなくなると、自己嫌悪にも陥ります。ホルモンバランスも乱れているので、産後うつ病とも隣り合わせです。だから子どもが生まれる前に徹底的に家の中の物量を減らし、片付けておいてほしいのです。余白を確保しておけると、子どものものが増えても余裕を持って生活ができます。スペースのゆとりは、そのまま心のゆとりとなります。

安全面や衛生面を考えても、ものが少ないことは有利です。わが家ではローテーブルやソファなど、子どもが間違った使い方をしてしまうと危ない家具を手放して

いましたが、それは生まれる前にやっておいてよかったことです。家具が多いと、あちこちに危険が潜んでいるように感じて赤ちゃんから目が離せませんが、家具が少ないと心配することも少なくなります。子どもの周りに危険なものがないか、誤飲につながるものが転がっていないかなどを見渡す意味でも、ものが少ないのに越したことはありません。

床に這いつくばって何でも口に入れる赤ちゃんとの生活では、掃除がしやすいのも大きなポイント。ものが少ないと清潔も保ちやすく、ストレスを最小限に過ごすことができます。

育児グッズとの付き合い方

ミニマリストの育児、というと「ものに頼らない育児」を実践しているように思われるかもしれませんが、そうではありません。時短家電への考え方と同じで、「育児を助けてくれるものがあるならば、積極的に頼る」というのが、わたしの考え。

ただ、育児グッズが難しいのは、使ってみないと役立つかどうかわからないことです。どんなに高価でも、便利そうに見えても、子どもに合わなかったら途端に不用品に。どうしたってある程度のトライ&エラーは必至です。

実際、巷でよくおすすめされる育児グッズのバウンサー（赤ちゃん用の揺れるイス）も、わが家ではあまり活躍せず、数回使っただけで手放しました。抱っこ紐も、数種類あると便利だと聞いて娘のときは3種類持っていました。それらを使ったのはほんの一時で、息子は新生児のときから一番長く使える〈エルゴ〉の抱っこ紐だけに。ベビーカーは、娘は乗るのを嫌がりましたが、息子は乗りたがるという真逆の反応。こんな調子なので、わが家でも育児グッズはある程度までは増えていく一方でした。もしスペースにゆとりがなかったら、どんどんものに占領されて、相当なストレスだったと思います。

よく聞かれる育児グッズについては、子どもとの相性をあまり気にしなくていいアイテムの中で、わたしが不要だと思うものを挙げていきます。

なくてもよかったもの

☑母子手帳ケース：付属の透明カバーで十分

母子手帳のほか産院で使う診察券やエコー写真、子どもが生まれてからは子どもの保険証や診察券、乳児医療証、お薬手帳などをまとめて入れておくためのケース。「あったら便利かも」と思いながらも買うのを見送りましたが、妊娠中も産後も困りませんでした。

母子手帳にはもともと透明なカバーが付いているので、産後はそのカバーに子どもの診察券や保険証などを挟んでいます。かかりつけの小児科は1か所なので、基本的に母子手帳に挟んであるのは診察券1枚と、医療証と保険証だけ。滅多に行かない病院の診察券は別の場所で保管しておき、必要なときに持っていくようにしています。

収納と同じで、大きなケースを買うと余計なものがたまりやすくなります。するといつも持ち歩く必要のないものまで持ち歩くことに。ものが多いと、子連れの病院で診察券1枚探すのにも大変になってしまいます。

☐ なくてもよかったもの

小さいマット類：はじめから床全体を覆えるもので

妊娠中から「これはきっと必要だろう」と準備していたものの1つに、赤ちゃん用のマットがあります。新生児のころはまだ動かず同じ所にいるので、リビングなどで娘を寝かせておくのに必要だと思ったのです。

最初は縦80×横50センチ程度のマットを用意して赤ちゃんを家に迎えました。ところが、娘が大きくなるスピードが想像以上に速く、マットを次々と買い替えることに。最終的には縦200×横160センチとかなり大きいマットを買ったこともありましたが、ハイハイができるようになるとマットを敷いていないスペースにもどんどん行くので、あっという間にマットの意味がなくなってしまいました。

そして次に導入したのがクッション性の高いジョイントマット。子どもが転んでも痛くないよう、リビングダイニングの床全面に敷きました。

ここまできてようやく、「最初から床全面にジョイントマットを敷いておけばよかった……」と気づきます。はじめからどこへ行ってもOKなようにしておけば、何度もマットを買い直す必要はなかったのです。

下の子が1歳を過ぎて転ばなくなってからは、吸着床シートに貼り替えて、おもちゃを投げられてもフローリング自体が傷つかないようにしています。

☐ なくてもよかったもの

おむつ専用ゴミ箱…食パン袋を活用

おむつ専用ゴミ箱は買わないと決めていました。わが家のトイレがそう広くないのと、2、3年しか使わないゴミ箱を買って管理や掃除をしたり、その後処分したり

ミニマリストの愛用品

消臭袋

HEIKO　PP食パン袋1斤用L Eタイプ　娘が新生児のころから現在まで使っている食パン袋。使用済みおむつが4、5個入ります。使用済みのおむつを入れて臭いが出ないように口を丸めて置いておき、いっぱいになったらほかのゴミと一緒に捨てるだけなので管理もラクです。

りするのが負担に感じたからです。

調べるうちに、「おむつ用消臭袋に使用済みおむつを入れ、そのまま捨てる」方法がよさそうだと思ったのですが、市販の消臭袋は価格がちょっとお高め。消耗品なので少しもったいないなと迷っていたところ、「食パン袋が消臭袋として使える」らしいと知りました。試してみたら臭いがほぼ漏れないことがわかり、以来食パン袋を使用済みおむつ入れとして使っています。

なくてもよかったもの

☑ 乳幼児専用ハイチェア…大人まで使えるものを

乳幼児専用のハイチェアは、使用期間が限られ、使わなくなってから置き場所に困ります。わが家ではダイニングチェアは必須アイテムですが、乳幼児専用のものではなく、乳幼児から大人まで使えるイスを選びました。座面と足場の高さを調整できるので、子どもの成長に合わせて長く使うことができます。乳幼児専用のものとくらべると割高なのは確かですが、長く使える分コスパがいいと思います。

時間を生み出す「ネントレ」のすすめ

ネントレは「ねんねトレーニング」の略で、子どもが長く寝るための対策全般のこと。産後、子どもが長く寝てくれるかどうかが親の精神状態に大きく影響すると知ったわたしは、関連本を読み漁り、上の子のときからネントレを実施しています。わたしの方法がわが子に合っていたようで、生後2か月くらいまでには2人とも1人で朝まで寝られるようになりました。

子どもを寝かせてから自分が寝るまで、約4時間。この時間が確保できたのは育児中のメンタルにとってかなりよかったと思っています。睡眠もしっかりとれて、

ミニマリストの愛用品

ハイチェア
ストッケ　トリップトラップ　カラー展開の豊富さが魅力。ゆくゆくは夫婦で使うことを考えて、シックなブラウンをセレクト。2歳ごろまでは別売りのテーブルを付けて使用していました。

やりたいことも存分にできているので、子育てのストレスは最小限です。
具体的に、わたしが実践した「ネントレ」は、
・寝室の温度は22〜24度、湿度は40〜60パーセントを維持する（エアコン、加湿空気清浄機を稼働）
・部屋は真っ暗にする（遮光カーテンや遮光シートで窓を覆う。エアコンや空気清浄機の電源ランプなどのわずかな光もアルミホイルで覆い、完全に真っ暗にする）
・ホワイトノイズ（※）を流してほかの部屋の音が聞こえないようにする（寝ている間はずっと「ホワイトノイズ発生器」をつける）

※ホワイトノイズとは、さまざまな周波数の音をミックスした人工的な雑音のこと。テレビの砂嵐のような「ザー」という音。流すと他の部屋の音がかき消されるため、ちょっとした物音で赤ちゃんが起きてしまうのを防ぐとされる。

以上の3点。ネントレの詳細については左記の本をお読みください。

もちろん、同様にしても、子どもの性格などによってはうまくいかない場合もあると思います。わが家も、最初は頻回授乳が続いて全然うまくいかず、ミルクに替

えるなどして試行錯誤しました。下の息子のときも同じようにしましたが、息子は娘よりも夜泣きが多く、再度寝かしつける時間が長くなる日もたびたびありました

ミニマリストの愛用品

ネントレ本
講談社『ママと赤ちゃんのぐっすり本』（**愛波文著、西野精治監修**）　何冊かネントレ本を読む中でわたしが一番参考にした本。

ホワイトノイズ発生器
充電式のホワイトノイズ発生器を愛用。私物はもう廃番のようでメーカーなどは不明。34種類の音を選べる機種ですが、使うのはノーマルな1種類。操作性も機能もシンプルなもので十分だと思います。子どもの安眠のために導入したものですが、今では親であるわたし達にとっても欠かせない入眠促進アイテムです。

ベビーモニター
Panasonicベビーモニター　寝室に置くカメラと、別室で確認するモニターがセットになっています。子どもが寝ついた後にずっとそばで見ている必要がなく、リビングなどでモニターを見ながら違う作業をすることができます。温度センサーや音感知センサー付きなので、赤ちゃんが泣いていたらすぐに駆け付けられて安心です。

ワイヤレスイヤホン
Anker Soundcore Liberty Neo 2　家事の最中や子どもの寝かしつけのとき、音声配信やオーディオブックなどを聴いてインプットする「耳活」時間にできると有意義。寝かしつけの時間が長いとその時間がもったいなくて少しイライラしてしまうことがありましたが、耳活しながらだと、早く寝てほしいと焦る気持ちもなくなりました。イヤホンはワイヤレスだと赤ちゃんが触って引っかかることもなく、洗い物や掃除をするにもコードが邪魔になりません。

（今でもあります）。娘は1歳10か月のときにわたしの実家に帰省したのがきっかけで、1人寝を嫌がる時期もありました。

合う合わないは当然ありますし、子どもの体調や成長の段階によってうまくいかない日もある。それでも、何もしないよりはよく寝てくれるかもしれず、うまくいったら親子ともども万々歳です。寝かしつけの時間が長くて悩んでいる人や、十分な睡眠時間が確保できていない人がいたら、試してみる価値はあると思います。

子ども服は半年ごとに「総買い替え」が合理的

赤ちゃん服は、娘も息子も常時肌着が4枚ずつ、上に着るロンパースが4枚ずつ程度でした。毎日洗濯していたので、それくらいあれば十分。当時、人からよく聞かれたのが「ミルクを吐きこぼしたりして汚れませんか？」という質問でした。ガーゼは多めに持っていたので、ゲップをさせるときなどは服の上にガーゼをかぶせて服自体が汚れないようにしていました。

現在の子ども服の数もかなり少なめ。娘も息子も、保育園で必要とされている枚数プラス1、2枚ほどで、それぞれ上下5枚ずつです。洗濯乾燥機にかければ一晩できれいになるので、この数で十分に回すことができています。

子ども服の管理方法は、大人の服と同様「半年ごとに総買い替え」です。春にはその前まで着ていた秋冬ものを、秋には春夏ものを一掃します。子どもは成長が早く、ワンシーズンで服が小さくなってしまうので、半年ごとにサイズアップしながら買い替えています。

このスタイルを徹底するようになって、わが家では〈ユニクロ〉で子ども服をすべて揃えるのをやめました。それまでは子ども服は〈ユニクロ〉と決めていましたが、丈夫でつくりがよいために、半年経ってもきれいで捨てにくいのです。もう少し安価な子ども服にしたところ、お値段なりに半年着るとしっかり消耗するので、捨てるときに後ろめたく思うことがなくなりました。

質のいい子ども服は捨てるのがもったいなく、下の子や誰かに譲ろうととっておきたくなるものです。「お下がりにしよう」「いつかフリマに出そう」「誰かに譲ろう」

と思っているうちに、もう着られない服がクローゼットの一角を占めることに。服は保管している間に経年変化でシミが現れることもよくあります。捨てるに捨てられず別れ際が悩ましいのが子ども服ですが、半年で着倒すスタイルが、コスト的にも保管スペース的にも無駄がなく合理的だと思います。

たくさんのおもちゃは必要ない

わが家では、おもちゃの数も少なめです。片付けをラクにしたいからおもちゃを少なくしているわけではなく、そもそも多種多様なおもちゃは必要ないと思っているからです。

最初からこの考えを明確に持っていたわけではありません。娘が生まれたばかりのころはいわゆる知育玩具に興味を持っていて、発育段階ごとに一般的にいいと言われているものを買い与えていました。

でも、わざわざおもちゃを買わなくても、子どもはその辺にあるもので勝手に遊びます。赤ちゃんのころは、ビニール袋をカシャカシャしたり、その袋にものを出し入れしたりするだけで大喜び。公園では、葉っぱや木の枝、石などで遊ぶのが好きです。そんな娘を見ていたら、わざわざおもちゃを買い与える必要はないのかも？と気がつき、あまりおもちゃを買わなくなりました。

一方で、わたしの実家にはわたしの母が孫のためにたくさんのおもちゃを用意しています。年に1、2回帰省する際は、子ども達はおもちゃに囲まれて自由に遊んでいます。その様子を観察していると、おもちゃがありすぎて子どもが目移りしていることに気がつきます。1つのおもちゃで長く遊ぶことはせず、目についたおもちゃを手当たり次第に引っ張り出して、とっかえひっかえしているのです。

これでは、遊びの中で考えたり工夫したりする経験ができなそうです。

おもちゃが少ないわが家では、子ども達は朝起きたらすぐに目当てのおもちゃを出してきて、そのおもちゃでずっと遊んでいます。そして、自分なりに一区切りついたら別のおもちゃを出して遊ぶ、という感じです。実家にいるときのように目移りすることがないから、満足いくまで遊びに没頭できているように見えます。

おもちゃが増えない管理法

おもちゃを増やさないためには、その管理法にも工夫が必要です。わが家では、おもちゃの収納場所を2か所に分けています。1つはプレイルームのオープン棚、もう1つはプレイルームのクローゼット内です。オープン棚に置くおもちゃは、常時5、6個のみ。残りはクローゼットにしまっています。定期的に表に出すおもちゃと、クローゼットにしまうおもちゃを入れ替えて、飽きないように工夫しています。この方法だと、1つのおもちゃでじっくり集中して遊ぶことができます。しばらく遊んで飽きたおもちゃも、少し間を置いてまた出してみると、また目を輝かせて遊びに熱中しています。

常時遊ぶおもちゃの数は限られているので、どれだけ盛大に遊び散らかしても片付けはラクです。片付けタイムは、朝子どもが保育園へ行ってからと子どもが寝た後の2回。いずれも5分以内で終わります。すぐに片付くのでわたしもイライラすることが少なく、「この後に片付けるの面倒だな……」という気持ちを持たずに子どもと遊ぶ時間を楽しめています。

また、新しいおもちゃを買うときは、今あるおもちゃを何か1つ手放すことをルールにしています。子どもとよく話し合って、それほどまでに欲しいものなのかを確認してから買うようにしています。これを守ると、おもちゃも増えないですし、子どもも今あるものや新しいおもちゃを大切にしてくれるようになります。

親が買い与えずとも、祖父母が孫のために勝手に買ってきて困る、という悩みもよく聞きます。それならば、親の自分が管理に困っていることを正直に伝えてみてはどうでしょう。それができないなら、もらった時点でフリマで売るなり手放すなりしてもいいと思います。第1章で、プレゼントの手放し方についてご紹介していますが、もらいものはいただいた時点で自分のもの。自分が管理するのに大変ではない量にコントロールすることも大事です。

子どもの「お片付け習慣」のつくり方

娘は、1歳のころから遊んだおもちゃを元の場所に戻す、ゴミはゴミ箱に捨てる、ということができていました。特に言い聞かせたわけではないのでなぜだろうと考えたとき、2つ思い当たることがありました。

1つは、やはり親自身が片付ける姿を見せていたことです。たとえば読んだ本を定位置に戻す、使い終わった文具を棚に戻す、などです。わが家では当たり前のことなのですが、もし、ものを使ってそのまま机の上に出しっぱなしにしているのがいつもの光景だったら、子どもも定位置に戻すことを知らないまま育っていくだろうと思います。

もう1つが、おもちゃ収納を単純にしていたことです。おもちゃはオープン収納で本棚の一番下に置くだけなので、1歳の娘でも簡単にできるしくみ。ワンアクションでできるので子どもも早いうちから1人でお片付けができ、習慣づけることができたわけです。もしおもちゃの数が多かったり、収納が難しかったら、なかなか習慣づけもできなかったと思います。

おもちゃはかごに放り込むだけ、リュックやカバンは子どもが届く高さのフックにかけるだけ、絵本も棚に入れるだけ、と片付けのしくみをシンプルにするのが、子どもに「お片付け習慣」を身につけさせる早道だと思います。

お出かけも身軽に

子どもが生まれる前は、外出時はほぼ手ぶら（ポケットにスマホと家のカギを入れるだけ）でしたが、子どもと一緒だとお出かけの持ち物が増えました。それでも持ち物は必要最低限に絞って、なるべくフットワーク軽く動けるようにしています。

すべての荷物は夫婦共有のリュックに入れています。その容量は10リットルほどと小さめですが、1泊2日ぐらいなら旅行にもこれ1つで行ってしまいます。

子連れでのお出かけは、「絶対に使うもの」以外は、持っていかないほうがラクです。「もしかしたら使うかも」を挙げ出すとキリがなく、荷物はどんどん重くなり、行動範囲も狭まってしまいます。そして結局、「もしかしたら」で持っていったものは、使わないことが多いのです。もし本当に出先で必要になったら買えばいいと考えると、持ち物を減らせ、身軽に行動できるようになります。

〈お出かけリュックの中身〉

◆半日お出かけ

スマホ／家のカギ／日焼け止め／子どもの水筒／息子のおむつ／ウェットティッシュ／小さめのタオル／たまにお弁当

◆1泊2日の旅行

（右記に加えて）

家族共通の財布／充電器／子どもの着替え（1組ずつ）／夫婦それぞれの下着（上下1組ずつ）／薬／子どもの歯ブラシ／スキンケア用品／ホワイトノイズ発生器

旅行も思い立ったらすぐに出発

家族旅行も年に数回行っています。わたしの実家に帰省するほか、夏には沖縄へ行ったり、関東近郊の温泉に行ったり。最近では初の海外旅行にも出かけました。コロナ禍で不自由な時期もありましたが、基本的に夫婦揃って旅が好きなので、家族旅行には積極的に出かけているほうだと思います。

普段のお出かけと同様、旅行の荷物も最小限なので、準備への気負いはありません。1泊2日の旅行であれば、いつものお出かけリュックに前出のような荷物で出かけています。あるときは、当日朝に急きょネットで宿を予約して家族で出かけたことも。荷物が少ないと、思い立ったときに旅に出ることができます。身軽だと、旅先の行動範囲も広がります。

とは言いつつ、どうしたって子どものものは多くなりがち。旅の持ち物を減らすには、大人の荷物をいかに減らせるかにかかっています。それには、宿のアメニティや設備をチェック。わが家では、洗濯乾燥機のある宿に泊まるようにして、1泊目に着た服は洗濯・乾燥して翌日も同じ服を着ることにしています。だから大人の着替えは不要。宿では部屋着や浴衣を着て過ごすので、パジャマも持っていきません。歯ブラシなどは部屋に用意されているものを使用。ホテルや宿にあるものを最大限活用するようにして、大人の荷物を最小限にしています。

連絡プリントは写真で残して、紙は「即捨て」

子どもが保育園に入ると、園からプリント類をもらってくるようになります。内容を確認してすぐに捨てられるものならいいのですが、すぐに判断できないものも多く、保管法に頭を悩ませている人も少なくないようです。わたしが子どものときも、後でまた見るからと、実家の冷蔵庫のドアにマグネットでくっつけたプリント類がたまっていたり、いざ確認が必要なときに探すと見つからなかったり、ということがよく起きていました。

わたしは、子ども関連の書類に限らず、一時的に保管が必要な書類はスマホで撮影し、フォルダ分けしています。といっても、細かく分けると大変なので「保育園」「家」などざっくり。「保育園」フォルダには、保育参観など、その日が来たら確認したいものを入れておき、当日、内容を確認したら、写真を削除します（娘と息子で分けることもしていません）。これをくり返していれば、紙も写真もたまりません。

予防接種の予診票など、しばらく紙の原本をとっておく必要があるものは子どもそれぞれに管理。娘と息子各々のクリアファイルを用意して、その中に入れておくだけなので、管理もラクです。ちなみにこのファイルも娘に1冊、息子に1冊ずつ。「病院関係」「保育園関係」などと細分化はしていません。ファイルの数が増えていくと書類もたまりやすくなって、かえって管理が大変になります。「この子のものはすべてこのファイル内にある」としておいたほうが、探すときも迷いません。

思い出は「アルバムで残す」派

意外に思われるかもしれませんが、家族写真は紙で現像し、アルバムで管理しています。カメラはスマホ。娘が生まれてすぐのときから、〈アルバス〉というアルバム作成アプリを利用して、写真を選んでプリント注文。〈無印良品〉のアルバムに保管しています。

スマホで撮った写真はいつでも見返すことができるので、わざわざ写真をプリントしない人も多い中、あえてアルバムをつくっている理由は、子どもと一緒に見ることができるから。娘は毎月印刷された写真が届くのを楽しみにしていて、過去のアルバムを何度も見返して嬉しそうにしているので、アルバムをつくってよかったなと思っています。

定位置はプレイルームの本棚。他の絵本と同じように、娘が見たいときに1人でも手に取れるようにしています。

子どもの作品の残し方

子どもが保育園や幼稚園に通いはじめると、園でつくってきた作品を次々と持ち帰ってくるようになります。これもまた、管理が難しいものです。

わたしも、娘が持ち帰る作品はどれもとても愛おしく、最初のころはすべてをプレイルームの壁に飾っていました。

ただ、毎週のように作品を持ち帰るので、それを全部飾っていたら壁が埋まってしまいます。何かよい方法はないかと考えてはじめたのが、作品を写真に撮るという管理法です。

具体的には、作品を持ち帰ってきたら、①子どもに作品を持たせて一緒に写真を撮る、②その作品をプレイルームの壁に飾って楽しむ、③写真を現像して他の写真と一緒にアルバムに入れる、④壁の作品が増えてきたら子どもと相談して古いものを手放す、という流れです。

作品を部屋に飾ると、子どもは「○○ちゃんのつくったやつ飾ってある!」と喜びますし、作品を鑑賞すると親も幸せな気持ちになれます。一定期間楽しんだ後に手放すときがきても、すでに記録が残っているので、安心です。

一時期、作品だけを写真に残して、作品集のようにしていたこともありましたが、それだとあまり見返さないとわかり、子どもと一緒に撮るスタイルに。どんなときにつくった作品なのか、子どもの成長とともに見返すことができます。

それ以外の管理方法としては、第1章でご紹介した「思い出ボックス」と同じ考え方で、子どもの作品ボックスをつくるなどもおすすめです。ダンボール箱など1か所に保管場所を決め、その場所があふれそうになったら何かを手放すという方法です。

第4章

ミニマリスト思考で自分らしく生きていく

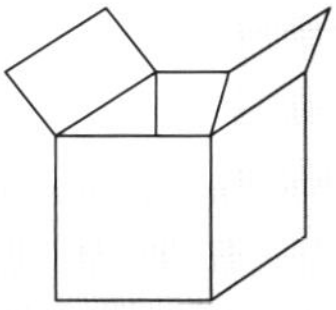

ミニマリスト思考との出合い

「余計なものを手放して大切なことに集中する」ミニマリスト思考は、家事や育児を助けてくれるのはもちろん、人生のさまざまな問題解決にも役に立ちます。

わたしは、ミニマリスト思考に出合ったことで、人生が変わった1人。ここからは、わたし自身の体験をベースに、ミニマリスト思考によっていかに生きやすくなるかをお伝えしていけたらと思っています。

わたしがミニマリストという言葉を知ったのは、2015年のこと。本屋さんでたまたま佐々木典士さんの書籍『ぼくたちに、もうモノは必要ない。』（ワニブックス）を見つけたのがきっかけでした。当時は社会人2年目の秋。新卒で入社した関東の会社を退職し、学生時代を過ごした仙台に引っ越して、現地の会社に転職したばかりのころでした。

買ったその日に本を一気読みした後、もう一度読み返しながら、わたしはものをどんどん捨てていきました。ほとんど使っていなかったトースター、あまり気に入っていないけど着けていたアクセサリー、使わないタオル、いつか見返すと思っていた昔の携帯電話、中学時代に友達と交換した手紙類、集めることで満足していたCD、一読してそれっきりの漫画……。自分の持ち物を1つ1つ手に取って見直していきました。もともとわたしは片付けが好きなほうでしたが、この本を読んで自分の持ち物のほとんどが「なんとなく」持っているものだと気づいたのです。

当時は2DKの賃貸マンションで婚約者と暮らしていたのですが、わたしが片っ端からものを捨てていくことにかなり驚いていました。当のわたしは、ものを捨てることで暮らしが確実に心地よくなっていくことを実感していました。自分が選んだものだけで暮らすことで、自分の感覚が研ぎ澄まされていくようでした。

ものを捨てたら自由になった

ちょうど同じころ、転職先の新しい職場でわたしはストレスを抱えていました。前職とは違う営業職に就くことになったのですが、その仕事が合わず、苦手意識が増すばかり。慣れない車通勤も苦痛で、毎日かなりプレッシャーを感じていました。そこでわたしが下した決断は、その仕事を手放すことでした。条件はよく安定性の高い企業でしたし、わたしは転職したばかり。社会人3年目で2社の転職歴は、世の中の風潮として当時は不利に働くムードがありました。辞めるのは勇気がいりましたが、自分の中で迷いはありません。さらに、一緒に住んでいた婚約者とも別れました。次第に価値観が合わなくなってきたことに、はっきりと気づいたのです。こうした大きな決断を思い切ってできたのも、間違いなく「余計なものを手放して大切なことに集中する」、ミニマリストの考え方に触れた影響です。

その後、東京に理想的な職場を見つけて転職が決まり、上京することに。東京では心機一転、1人暮らし専用の家具付きマンションに入居しました。仙台から引っ越すときの荷物は、わずかトランク1つのみ。多くの持ち物から解放されて身軽になったわたしは、生まれ変わったような爽快な気分で新しい生活をスタートさせました。

ものより体験を重視したい

3社目は休日がしっかり取れる会社だったので、やりたかったことを追求することができました。それは海外でのバックパッカー経験。長期休暇にさらに有休をくっつけて、年に2、3回外国を旅して回りました。

この旅の経験でさらに持ち物が減りました。旅先に持っていくのは必要最低限のものです。それ以外の日本に残してきたものは、実はそんなに必要ではないとわかり、自分の持ち物は小さめのトランク半分ぐらいにまで減りました。また、外国ではさまざまなハプニングにも遭遇しました。カンボジアではタクシーの運転手さんにぼったくられそうになったり、旅先で迷子になりスマホの電源も切れたときに言葉が通じない現地の方に助けてもらったり。こうした経験でたいていのことはなんとかなる、と鍛えられました。と同時に、ものより体験を重視したいという価値観がさらに深まっていきました。

東京で現在の夫と交際するようになり、とんとん拍子で結婚が決まりました。ちなみに、夫とのデートでもいつも同じ服で、毎回違う服を着なければ！とも思いませんでした。夫は特にわたしの服について何も聞いてこなかったのですが（もしかするとただ鈍感なだけかもしれませんが……）、もしそこに引っかかる相手ならば縁がなかったわけで、やはり自分らしくあるに越したことはないのです。

人生の選択肢が広がる

結婚してすぐに都内に新築の分譲マンションを購入して暮らしていましたが、2023年に、このマンションを売却して家族で引っ越しました。少し前から、子どもにとってよりよい場所で子育てができたらと、夫婦で話し合いを重ねていました。子どもがのびのびと学べることを第一に引っ越し先を決めたのが23年の夏。仕事をしながら、限られた期間で転居先を探したり、手続きを進めたりするのは大変でしたが、「今しかできないこと」という意識があるので、最優先に動くことができました。おかげで、23年秋には新生活をスタートすることができました。転居先は、それまで住んでいた分譲マンションと同等スペックの賃貸マンションなので、以前と変わらない生活スタイルが維持できています。ものが少ないので引っ越し準備もあっという間に終わりました。

ものであふれ、毎日時間に追われていたら、こんなふうにフットワーク軽く引っ越すこともできなかったでしょう。住まいや将来設計についてじっくり考えることも難しかったかもしれません。自分と家族の人生の可能性が広げられたのも、ミニマリスト思考により、行動の優先順位がつけられた結果です。

自分に自信があれば、着飾らなくてもいい

今、何より驚かれるのはワンピース1枚で生活していることです。

かつてわたしにとってのおしゃれは、たくさんの服とアクセサリーで着飾ることでした。過度に着飾って自分に自信がないことを隠していたのだと思います。

それがミニマリスト9年目の今、おしゃれ観は一変。現在は着飾ること以上に「清潔感があること」を重視しています。具体的には、姿勢をよくすること、肌・髪・歯・爪を健やかに保つこと——これらに時間とお金をかけるようになりました。

きれいな姿勢を保つためにわたしが実践しているのが筋トレです。1日30分のオンラインレッスンを週に3、4回。1年以上続けています。もともとの動機は産後のダイエットでしたが、体形が戻った後もレッスンを継続。自分で自分の体形や体調をメンテナンスできるのは、大きな強みです。背筋が伸びていると考え方も自然とポジティブに。猫背で下を向いていると、プラスの言葉は出てこなくなりますし、

逆にピシッと背筋が伸びている姿勢で、マイナスな言葉も出てこないと思います。

肌は、定期的にコスメショップで肌状態をチェック。投資すべきはメイクよりもスキンケアだと考えて、朝晩のケアに力を入れています。今はアートメイクをしている眉以外はノーメイク。

髪も、少しだけいいシャンプーを使って、毎日のケアに重点を置いています。

歯は、1年ほど前から歯列矯正をスタート。高校生のときに矯正をしていたのですが大学進学で中断し、それっきりになっていたのです。お金はかかりますが、これも自己投資。長い目で見れば虫歯の予防にもなります。

爪は、長い間深爪状態を続けてきて、一番ケアを怠ってきた部分。今は爪のピンクの部分を伸ばすべく、毎晩ネイルオイルでマッサージしたり、爪が割れないように強化剤を塗ったり。自分が嫌いな部分を好きになれるよう、努力を重ねています。

こうやってフィジカルを磨くことは、間違いなく自分の自信につながっていると実感しています。年を重ねてからは特に、高価なアクセサリー以上に輝きをもたらしてくれると信じています。

人間関係で振り回されないために

わたしにとって、ミニマリスト思考は自分の弱い部分を補強してくれる考え方であり、迷ったときや悩んだときに拠り所にしたい道しるべでもあります。

わたしはもともと八方美人な性格で、「みんなに好かれなければならない」と思っているところがあります。大学生のときに友人の1人から一方的に攻撃を受けたときは、自分が何かしたのかと悩んだり、その人の機嫌を取るために奔走したり。自分がコントロールできないことに時間を費やしてしまっていました。本来がこんな性格なので、今でも人に調子を合わせすぎて後で後悔することが少なくありません。

この性格が嫌いとまではいかないけれど、厄介な面もある。実際、人に気を遣いすぎて、苦しくなってしまうこともあります。仕事や子どもを通じた人間関係しかり、友人や家族との関係しかり、トラブルやモヤモヤを抱えないためには、不要な人間関係から距離を置く勇気も必要だと気づきました。ものと一緒で、そう重要ではない人間関係にエネルギーを消耗し、家族との時間を失うのは実にもったいないこと。人間関係もミニマルに――。そう自分に言い聞かせて、今は会いたい人にしか会わないと決め、気が乗らない誘いはきっぱり断るようにしています。

断るときに心がけているのは、

1 誘われたら早めに返事をする
2 「誘ってくれてありがとう」（感謝を伝え）
3 「でも外せない予定があるんだよね」（断る理由をはっきり伝える）

シンプルにこれだけです。誘ってくれたお礼を伝えた上でスマートに断れば、相手も嫌な気持ちを持たないはず。断る理由は詳細に伝えず「予定がある」「都合が悪い」などでいいと思います。ここで何の予定かをしつこく詮索してくるような人だったら、距離を置いたほうがいい人だとはっきりわかります。

ネガティブな感情の片付け方

ネガティブな感情も、できれば手放してしまいたいものの1つです。

「誰かがうらやましい」

「本当はわたしだってあの人みたいにできるのに……」

そんなふうに人に対して嫉妬の感情を持つことがあると思います。わたしも学生時代は友人達に、20代のころは職場の先輩に対して、妬ましく思ったり、うらやましくて落ち込んでしまったりすることがありました。

嫉妬は、頭の中の他人に自分の大切な時間を奪われているのと一緒です。人のことを恨んだり妬んだりしても、何も生まれません。

わたしは、ミニマリスト思考に出合って、「自分時間」を何より大切にしようと心に決めました。そして「嫉妬は時間の無駄だ」と強く思うことで、嫉妬の感情を手放すことができました。正確には、誰かに嫉妬しているな、と気づいたらすぐに

「この時間こそが無駄だ」「くよくよするぐらいなら、その時間を自分磨きに使うべき」と自分に言い聞かせて、負の感情を追いやっています。

発信活動をしていると、心ないコメントを目にすることもあります。「人生つまらなそう」「子どもがかわいそう」といった声が届くのは日常茶飯事です。こうした攻撃に動揺することもなくなりました。自分の発信内容に自信があるのはもちろんですが、他者からの評価に支配されて、落ち込んでしまう時間こそがもったいないと思うからです。

仕事や家事にも役立つミニマリスト思考

「余計なものを手放して大切なことに集中する」ミニマリスト思考を、仕事や家事を効率よく進めるために用いると、「苦手なことを手放して得意なことに集中する」と考えられます。

苦手なことや好きじゃないことは、どうしても時間がかかるもの。「自分でやらなきゃ」と抱え込んでしまうと、時間を消耗するだけで効率が悪い。わたしは何をするにも、自分が苦手なことは積極的に得意な人に任せることを心がけています。

たとえば仕事面では、わたしは思いついたらすぐさま行動に移したいほうで、企画してそれを実行するのは得意。「この企画をやろう」「こんなタイトルにしよう」と物事を前に進めるのは好きな一方で、結果が出ないときや行き詰まったときにその原因を分析したり、対策を練ったりするのは苦手。じっくり考える力を身につける必要があるとわかりながら、自分でそれをやっていると時間もかかります。要領も悪いので、そういうときは割り切って得意な夫を頼っています。

会社員時代も、報告書や資料を作成するような実務作業は得意でしたが、突発的なトラブル対応はかなり苦手。できれば避けたかったので、経験豊富な先輩に頼りながら、書類作成を率先してやったり、サポートに回ったりしていました。

家事も、料理が苦手なので、平日は料理時間をなるべく減らしたり、休日の食事支度は料理が得意な夫に任せたりしています。平日も忙しくなりそうな週は、外注サービスを利用して料理を届けてもらうことも。限られた時間の中でタスクがたくさんあるときは、得意なことだけに自分の時間を使って、それ以外は人やサービスに頼ることも、時間を有効に使うコツだと思います。

「まず行動」して結果には執着しない

子育てをしながらミニマリストとしての発信活動をしていると、フォロワーさんから「なぜいろいろなことにすぐ挑戦できるのか」と聞かれることがよくあります。

わたしは昔から、どんなこともあまり深く考えずに実行するタイプ。長所として捉えるなら、フットワークが軽いとか行動派となりますし、短所として捉えると思慮が浅い、となるかもしれません。大学時代の教授に結婚式の挨拶を頼んだときには、わたしの性格を「石橋を壊しながら渡る」と評されて、笑ってしまったことがありました。

そんな性格なので、やろうかやらないかで迷う時間が苦手。考えすぎて動けないのはもったいないので、迷う前に「まずやってみる」がモットーです。何か心配なことがあっても、やりながら解決していけばいいのです。

すぐ行動に移せるのは元来の性格もありますが、同時に心がけているのは、結果に執着しすぎないこと。何か新しいことをはじめるときは、できれば続けたいし、成果も得たいと思うものです。でも、これにこだわりすぎるとつい慎重になってしまいますし、どこかで無理が出ます。

以前苦手な料理を克服しようと料理教室に通ったことがあったのですが、すぐに「こんなに手の込んだ料理はやっぱりつくらないな」と思い、あっさりやめました。合わなかったら潔くやめたり、やり直したり、別の方法を試せばいい。もの選びと一緒で、何をするにも自分の物差しを大事にすることが、スマートに生きる秘訣です。

やりたいことが明確になってくる

わたしがミニマリストになって一番よかったと思っているのは、どんなふうに暮らしていきたいか、理想の人生が明確になったことです。

ミニマリストになる前は、会社員として働き、「心から好きと思える仕事ではないけれど、安定しているからこのまま続けていけばいいか」と思っていました。ぼんやりと、定年まで仕事をしながら結婚や子育てができたらいいな、ということぐらいしか考えていませんでした。

今のわたしの目標は、好きなときに好きな場所に行ける人生を送ること。そして好きな仕事を続けていくことです。こんなふうに自分の理想の人生を思い描けるようになったのは、ミニマリストになったからこそと言えます。

最初はただ、ものを減らしていっただけでした。

身の周りのものが少なくなってくると、自然と頭の中のモヤモヤも晴れ、自分の本当の気持ちや、やりたいことに気づくことができました。自分らしくいることにも、恐れがなくなりました。

育児がはじまってからは、目の前の生活で手一杯になり、家事を限りなくシンプルにするために、ものを減らしていきました。

ミニマルな暮らしで再び手に入れた「自分時間」で、心からやりたいと思える仕事に出合うこともできました。

自分にとって何が必要なもので、何が不要なのか。これをくり返し考えるのは、「どんな人生を送りたいか」を自分に問いかけるのと同じです。自分に必要なもの、大切なものを選ぶことは、自分の人生を選びとることなのです。

おわりに

最後までお読みいただき、ありがとうございます。

わたしがこうして本を書かせていただいたり、日々の発信を続けられたりするのも、いつもわたしを応援してくれるフォロワーの皆さんのおかげです。皆さんからの温かい言葉を支えに、わたしは自信を持って自分の考えをこの本に書き切ることができました。

先日も、「ゴミ袋60袋以上と粗大ゴミ20個以上出すことができました」という声を届けてくれた方がいらっしゃいました。その方は小学5年生の娘さんと一緒に発信を見て、娘さんが後押ししてくれて片付けることができたそうです。

わたしの発信をきっかけに手放せた、片付けられた、生活が豊かになった……、こうした声はわたしにとって大きな励みで、日々の活動の糧になっています。いつも本当にありがとうございます。

本書の制作に携わってくださった方々にもこの場を借りて御礼申し上げます。素敵な写真を撮ってくださった林ひろしさん、スッキリとしつつ温かみのある誌面にしてくださった岩永香穂さん。そして、こだわりが多すぎるわたしの考えをいつも肯定してくださった集英社クリエイティブの茶木奈津子さん。この本を一緒につくり上げていただきありがとうございました。

そして、毎日エネルギーを持っていかれるけれどもその何倍もの愛情をくれる娘と息子、どんなときも一番近くで相談に乗ってくれ、わたしに余裕がないときには率先して家事や育児をしてくれた夫にも、心から感謝を。どんなときもいつも一番の味方でいてくれて、ありがとう。

2024年2月　ミニマリストNozomi

Nozomi

ミニマリスト
1988年生まれ。東北大学卒業、同大学院修了。大手食品メーカーなど数社に勤務。独身時代から私物はトランク1つという身軽さで生活する。2021年、第2子の育休中にミニマリストとしての発信活動をスタート。2022年に整理収納アドバイザー資格1級を取得。2023年4月に独立し、現在は〈Instagram〉、〈YouTube〉、〈Voicy〉、ブログなどで情報を発信している。
夫と子ども2人（娘、息子）とともに都内在住。

Instagram
https://www.instagram.com/nozominimam

YouTube
https://www.youtube.com/c/MinimalistNozomi

Voicy
https://voicy.jp/channel/2956

ブログ
https://nozominimam.com

装丁、本文デザイン　岩永香穂（moai）
写真　林ひろし
組版　宇田川由美子
校正　西進社

ものも家事《かじ》も最低限《さいていげん》。
子《こ》どもとミニマルに暮《く》らす

発行日　　2024年4月30日　第1刷発行

著　者　　Nozomi《のぞみ》
発行者　　徳永 真
発行所　　株式会社集英社クリエイティブ
〒101-0051　東京都千代田区神田神保町2-23-1
電話 03-3239-3811
発売所　　株式会社集英社
〒101-8050　東京都千代田区一ツ橋2-5-10
電話 読者係 03-3230-6080
販売部 03-3230-6393（書店専用）

印刷所　　大日本印刷株式会社
製本所　　株式会社ブックアート

ISBN 978-4-420-31104-5　C0077